U0924666

再忙也能做个好爸妈

积极育儿52招

程 虹 Michael Popkin 郝景辉 著

图书在版编目（CIP）数据

再忙也能做个好爸妈：积极育儿52招/程虹编著.
—上海：上海交通大学出版社，2014
ISBN 978-7-313-12377-0

Ⅰ.①再… Ⅱ.①程 Ⅲ.①儿童教育－家庭教育
Ⅳ.①G78

中国版本图书馆CIP数据核字（2014）第278032号

再忙也能做个好爸妈——积极育儿52招

编　　著：程　虹　Michael Popkin　郝景辉
出版发行：上海交通大学出版社　　地　　址：上海市番禺路951号
邮政编码：200030　　电　　话：021-64071208
出 版 人：韩建民
印　　制：上海交大印务有限公司　　经　　销：全国新华书店
开　　本：880mm×1230mm　1/32　　印　　张：5.625
字　　数：130千字
版　　次：2014年12月第1版　　印　　次：2014年12月第1次印刷
书　　号：ISBN 978-7-313-12377-0/G
定　　价：28.00元

都市里，总有那一处角落属于我们。

熙熙攘攘中，别忘了静一静，享受我们身边的幸福；步履匆匆时，别忘了停一停，等一下始终在我们背后的爱人和孩子。

谨以此书献给我们的两个可爱的女儿 Joyce 和 Jodie，爸爸妈妈赋予了你们生命，而你们教会了我们更多。

——程虹和郝景辉

挖啊挖，挖到中国，挖向更远……

Digging to China ... and beyond

在我的孩提时代，我的家庭会在每年的腊月中旬开着旅行车去拜访远在佛罗里达南部的祖父母。

在那里，在棕榈树和海浪声的交织中，在美妙悦耳的圣诞音乐中，我们会目不转睛地盯着圣诞老人在南海滩80华氏度的高温下艰难跋涉。

即便如此，孩童时代的我们还是乐此不疲。

我最开心的时光是和众多兄弟姐妹们在沙滩上一起撒野，而我最喜欢的活动则是挖洞。我清晰地记得，有一天，我一如既往地在沙滩上挖啊挖，洞越来越深。有些长辈好奇地问我："迈克，你到底在做什么？难道你想挖到地球另一侧的中国？"

他们笑着看着我，而我则继续专注地挖啊挖。

最近，在积极父母机构上海家庭中心（优方社区）的开业典礼中，我微笑着向观众讲述了这个故事。我很开心，我的专注和坚持最终获得了回报。在我们两个中国年轻人程虹和郝景辉的不懈努力下，积极父母的课程体系被引入中国。

而这也证明了，尽管我们的国家有诸多不同，我们的家庭其实大同小异：我们都无比地爱着我们的孩子并且努力为他们创造最好的一切。

"我们都来到这儿，是因为我们对于我们的孩子今后会变成怎样的青少年而忧心忡忡。"这句话是我几年前所组织的父母育儿小组里的一位父亲说的，而和从前一样，这个问题直至今日依旧是家长们关心的话题。当时，我们主要致力于处理5岁以下儿童的家庭教育的问题，但是，家长们来这里学习的动机却是对于孩子将来青少年时期的担忧。

家长们的担心完全是合情合理的。青少年网瘾、辍学、早孕、犯罪甚至自杀的数据都足以让任何关心他们的父母深思。我确实已经做了我能够做的一切来帮助我的青春期孩子面对这些危险吗？虽然我们永远无法保证我们的孩子一定会成功，但是我们的内心渴望尽自己最大的努力。

我们提供最好的方法来处理育儿问题和其他的工作一样，都是任重而道远的，也都需要培训和支持。可是，长久以来，我们的社会总认为父母的家庭教育都是简单容易或是无足轻重的，并且家长们还不得不在育儿问题上自谋出路。由于缺乏有效的培训，众多家庭都时常经历烦躁和冲突，并且父母们也无法知晓自己究竟哪儿做错了。

幸运的是，父母们的育儿问题都是有答案的。父母和家庭教育专家们多年来已经摸到了门道，知道以何种方式来对待青少年可以事半功倍，而何种方式又是徒劳无功的。一些家长和为家庭提供育儿教育的机构（比如：青少年积极育儿）结成搭档、互相配合，他们双方都承诺要努力有所改变。

当我在1980年创立青少年积极育儿机构时，我的职务是一位儿童和家庭治疗师。我的一部分工作职责就是为个人和家庭提供咨询和治疗，而另一部分就是在社区里提供家庭教育课程以及学校咨询服务。这些年里，我亲身见证了有效的育儿教育的巨大魔力，它改变了父母和孩子们的生活和日后命运。我看到当父母开始使用这些方法时，那些无心向学和不守规矩的青少年做出了积极的回应。我也遇到过曾经一度变得愤怒疏远的家长，“重新唤醒我对孩子的爱吧！”正如一位母亲不乏诗意地说。

由于掌握了正确的育儿方法，我倍受鼓舞，开始着手开发一个能够让广大父母们掌握这些技巧的传授体系。这个系统须能够以简单易学的方式来展示这些方法。而结果就是诞生了最初的积极育儿讨论计划，世界上第一个基于视频媒体的家庭教育体系。星星之火，可以燎原，积极育儿课程体系开始在整个北美如雨后春笋般传播开来，取得的积极回应远远超出了我的想象。

从那以后，最初的课程体系被三个不同的模块所替代，它们的名称分别是：1，2，3，4父母！（针对家有1—4岁的儿童的父母）；现在积极育儿（针对家有5—12岁孩子的父母）；以及青少年积极育儿（针对家有十几岁和二十几岁青少年的父母）。迄今为止，已经有超过300万的父母完成了至少这三个课程中的一个课程，与此同时，还有数以百万的家长们在电视上体验了视频图书馆的项目课程。而且，这些课程现在已经被翻译成了多种语言并且在世界各地被广泛使用。

目前您手中的书籍呈现的是这个广受欢迎的课程体系的一部分。它包括了整个课程的众多理念和实用工具。当然，其中的一些方法需要花些时间来实行，但是立刻行动，从现在做起，您和您的家庭在将来会节省很多时间，避免不少挫折和头痛事。

积极育儿52招，招招都是爱，这本书是您的育儿方法的源泉。当然，您可能将在书中读到一些与您的育儿观点相悖的信息。我希望您能够保持开放的胸怀，公正地考虑这些不同的想法。当然最后的分析和决定都取决于您，只有您自己才能决定为您的家庭使用何种方法。因此，请自由地从课程中选择您觉得适合自己的模块，正如一位家长说的那样，“择其善者而从之，其余则忽略。”

最后，我衷心祝愿您和您的家庭能够永远在一起享受快乐，并感谢我的一对子女梅根和本。因为，对于我和妻子来说，他们永远是世界上最重要的孩子。

Dr. Michael Popkin

2014年9月

家和万事兴，家之本在身
唯父母之品，塑孩童之美

和你们很多人一样，我是一名70后的职业女性；也和你们很多人一样，我是一位自豪的妈妈。

我们可能来自截然不同的背景和地方，但我们拥有一个共同的职业：为人父母。

作为两个孩子的妈妈和一名职业培训师，我也曾经一筹莫展、望尽天涯路，我也一直在寻寻觅觅、苦苦思索一个最基本的问题：如何科学地教育孩子，使他们能够阳光应对当今和未来的生活挑战？

万般皆缘，因为一次偶然的相遇，我们全家和美国积极父母机构的创始人葆金博士夫妇在CNN总部亚特兰大相识。之后，我曾多次携全家远赴大洋彼岸的亚特兰大接受葆金博士的系统培训、1：1辅导和认证，并在我的家庭生活中努力践行积极父母教育理念，受益匪浅、效果斐然。因为相同的梦想和愿景，我和葆金博士从相识到相互信任，并最终联手将积极父母机构的父母教育和儿童品格课程体系引入中国。

岁月如歌，光阴似箭，我在学习中成长着，我的两个孩子也从咿呀学语的婴孩长成懵懂少年，他们天真无邪、善良可爱。而我上下求索、相夫教子，事业家庭两不误，我享受着职业给我带来的快感，享受着陪伴子女成长的快乐，更享受着一家三代同堂的和谐。

家之本在身，家庭教育的本质首先是父母的自我修行与提升。我是幸运的，因为我可以不停游走于理论王国和现实世界的两极中，格物致知、知行合一，在理论世界里寻求答案，在实践中探索育儿真谛。

至要莫若教子，家庭是孩子的启蒙学校，父母是孩子最重要的老师。我很幸运自己能从事家长教育和儿童品格培养工作。我是一名“在路上”的职业女性，但更是两个孩子的快乐妈妈，看着Joyce和Jodie在快乐、和谐中健康茁壮成长，我无比自豪和满足。我愿意和各位父母以及孩童教育者分享我在家庭教育领域的践行和理念，和大家一起成长，把快乐、和谐带给每一个家庭。

程　虹

2014年9月

Contents 目 录

第一招
为人父母，我要学吗

孩子是生命对自身憧憬的儿女，
他们经你而来却并非由你而来，
他们在你身边，却并非属于你。
你可以赋予爱，却不可赋予你的想法，
因为他们有自己的想法。

要想做好任何工作都需要明白这份工作的意义和目的。至要莫若教子，毫无疑问，父母是我们在这个世界上最为重要、最具挑战的工作。那么，我们为人父母的目的是什么呢？是为了确保满地玩具被收拾起来还是为了确保有人喂狗？是为了裁决兄弟姐妹之间的战争还是为了防止食物争夺战？当然，还有更多……

试试看这句话：

作为父母，我们的首要目的是为了保护和帮助我们的孩子在未来他们生活的社会中生存并茁壮成长。

换句话说，身为父母，我们是为了帮助我们的孩子在飞速发展、日新月异、多元文化和日益民主的21世纪取得成功。请注意，这里要求父母有一定的前瞻性，能够与时俱进，而不能光靠着当年我们父母教育我们的方法来养育我们的孩子。

孩子是一首诗，孩子是一曲歌，我们作为父母的首要任务就是要读懂和了解自己的孩子。

时光雕刻经典，阅读改变人生。当身为人母的我多年以后再读黎巴嫩诗人Khalil Gibran（纪伯伦）的这首脍炙人口的诗时，蓦然间我发现，这不仅是一首文字隽美的诗歌，更是一篇饱含哲理的育儿之道。细细品读，字里行间，无不透露着育儿的核心理念。

“你可以赋予爱，却不可赋予你的想法，因为他们有自己的想法”，让我们一起重温那上世纪初的经典美文，在经典里寻觅智慧的火花和育儿的灵感，因为经典的往往是最永恒的。

On Children | 关于孩子

你的孩子绝不非你莫属
他们是生命对自身憧憬的儿女
他们经你而来却并非由你而来
他们在你身边，却并非属于你
你可以赋予爱，却不可赋予你的想法
因为他们有自己的想法
你可以容纳他们的身体
却不可禁锢他们的灵魂
因为他们的灵魂属于你即便在梦里也无法造访的明天
你可以努力变得越来越像他们
却别强使他们变得越来越像你
因为生命总在前行，而非驻足昨日
你是弯弓，孩子是弦上之箭
弓箭手凝视着远方的目标

他使劲拉弓，好让箭飞得又快又远
心甘情愿被弓箭手所折弯吧
他既爱疾飞的箭
也爱那稳固的弓
（译：郝景辉）

俗话说，教人婴孩。作为家长，我们从小就应该开始培养孩子的如下品格和技能：勇气、责任、互尊、合作、问题解决力、冲突管理、情绪控制和沟通能力。

哇！看起来很多、很累，对吗？但如果此时天堂之门大开，有人拍拍你的肩膀，告诉你正在养育着世上最重要的一个孩子，你会如何反应？你血脉贲张的速度会有多快？你会有多认真地做好这份工作？你会接受培训并学习专业育儿吗？你会投入时间和注意力吗？你会每天起床上班并感到很骄傲吗？你一定会的！因为，你知道的，你正在养育这个世界上最重要的孩子——你自己的孩子！

学以致用　见图思人

收集你每个孩子的近期照片，在下面指示处贴上照片，然后看着每张照片，并想着“这是世界上最重要的孩子。尽管世界上每个爸爸妈妈都在养育这个世界上最重要的孩子，养育照片中的这个孩子是我最棒的责任。”

接着，在照片边上的空间里写出你喜欢这个孩子的三点。

世界上最重要的孩子(们)

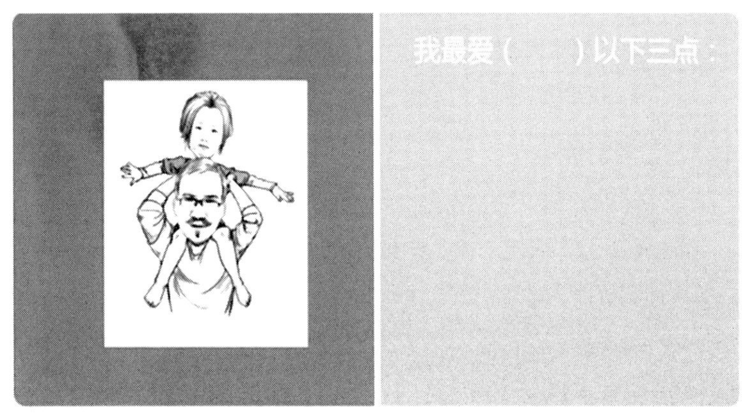

世界上最重要的孩子(们)

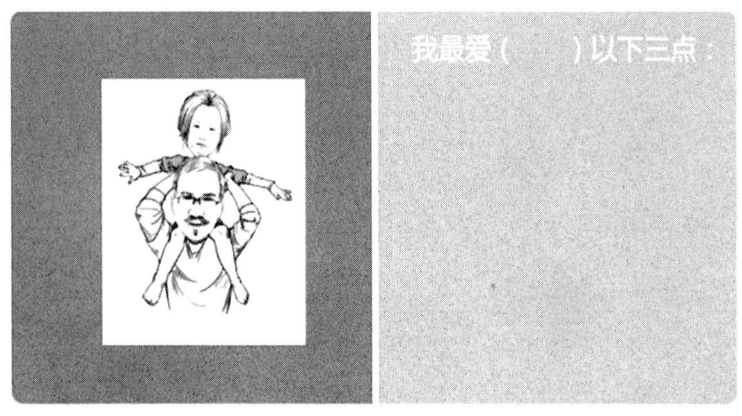

第二招
啊哈，我懂了

孩子的种种不当行为只是冰山上的一角，
掌握行为背后那看不到的深层动机，
会让父母茅塞顿开，
胜似闲庭信步。

我们常说，理论要和实践相结合，因为实践出真知。但有时候，实践同样要和理论相结合。《弟子规》里就很精辟地说过：但力行，不学文；任己见，昧理真。这里力行指的就是实践，而学文指的就是理论。

在育儿方面也不例外，我们每个父母都不缺少实践的机会，但有时候如果我们退一步，学一点理论，会让我们有一种茅塞顿开、豁然开朗的感觉。

磨刀不误砍柴工，接下来，我们就从实践的现实回到理论的自由王国，重温一下那渐行渐远的大师理论，相信你定会有一种“哇，原来如此”的感觉。

不过在开始之前，我还是先请你暂时回到那残酷的现实世界里。

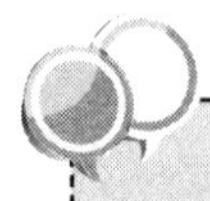

孩子经常歇斯底里般大吵大闹,为什么?
孩子总是黏着我,一刻不肯离身,为什么?
孩子动不动就发脾气,和我对着干,为什么?
孩子每天不愿意上学,为什么?

我们心中有十万个为什么,却没有十万个标准答案。就算有了,我们也没有办法去一一记住。这就是理论的玄妙之处,好的理论通常能帮助我们透过现象看本质、窥一斑而知全豹。

今天的父母是幸运的,因为心理学家们已经通过上百年的研究发现了这些表现各异行为背后的根本动机,也就是那冰山下面不为人见的部分。

一旦弄懂了这些不当行为背后的神秘动机,我们的众多育儿困惑就可以迎刃而解,我们的育儿工作就可以更加对症下药,我们的育儿方法就可以举一反三,我们的父母就可以游刃有余,而这就是理论的魔力。

用现代医学的语言来说,一旦掌握了孩子不当行为背后的基本动机,我们就可以通过有目的的靶向治疗来治本,而不是传统意义上的"宁可误杀一千而不放过一个"的粗放型治疗。

现代育儿学的基本理念可以追溯到20世纪初的奥地利著名精神病学家、个体心理学之父阿尔弗雷德·阿德勒。作为一个勇敢的叛逆者,阿德勒公然对抗以弗洛伊德为代表的处于主流的精神分析学派,在一片声讨捕杀声中独创了个体心理学派。阿德勒去世后,美国儿童心理学家鲁道夫·德瑞克斯对其理论进一步发扬光大,和阿德勒一起成了当代家庭教育理论的奠基者。

和弗洛伊德不同,阿德勒坚持认为一切行为都是由目标所激发的

（而非潜意识或泛性论），也就是说人类的每一个行为都是为了实现某个特定的目标并获得相应的回报。对孩子而言，阿德勒认为孩子和成人一样是一个独立个体，需要得到尊重并被有尊严的对待。

以下是阿德勒在家庭教育领域中的三个核心理论：

孩子行为的最根本目标是实现归属感和重要性

一旦孩童对食物、居所和安全的生理需求得到满足后，他们就会坚持不懈地追求归属感和重要性。那么，在孩子心目中，归属感和重要性究竟代表什么呢？归属感是指孩子需要明确感受到他在家中的地位以及和其他家族成员之间的情感联系；而重要性是指孩子需要得到家庭成员（特别是最亲近的人）的足够关注并被赋予一定的对自己和他人的影响力。孩子的心里都有一杆明秤，一边是家庭成员的关注（重要性），一边是孩子的感受，一旦关注不够，秤就会失衡，孩子从而就会借助不当行为来增加自己的砝码。

为了感到自己的重要性，孩子通常需要对外展现他的能力并给予家庭力所能及的贡献。在这个过程中，孩子会非常在意自己的个人力量和影响力。我们有时会戏称孩子不识好歹，把我们的好心当成驴肝肺，因为当我们帮助孩子包办做事的时候，孩子会火冒三丈地以一句无情的“我自己能做”来拒绝我们的善意。即便是婴儿，如果我们过分限制他的行动的时候，他也会借助大吵大闹来奋起反抗，夺回本属于自己的权力。

孩子的所有行为都因目标而起

作为父母，我们每天都会面对孩子的吵闹、对抗、叛逆等众多不当行为。这些行为貌似随机而起，实则有道可循。孩子可能不会表达出来，但他们这样做一定是为了实现自己对归属感和重要性的殷切渴望。换句话来说，因为孩子在平常的正当行为中没有感受到足够的归属感和重要性，所以她们只有一门心思地借助不当行为来获取更多的归属感和重要性。

不当行为并非问题的实质，只是更深层问题的外在表现。只要我们对症下药，满足孩子的深层动机，让孩子通过正当行为获得满足，不当行为就会自然而然地消失。

一个有不当行为的孩子是一个倍感沮丧的孩子

在这里，“沮丧”是指孩子对归属感和重要性的缺失。孩子貌似在发脾气或黏附父母，实则在向你沟通一个需求，“爸爸妈妈，我真的需要感受到归属和存在，但我不知道该怎么去做。”此时此刻，孩子是在向你求助，虽然借助的是不当行为，因为他压根不知道有什么正当行为可以帮助他实现同样的目的。

更可怜的是，孩子在实施不当行为时，他并不知道其内在的具体动机，更无从口头表达，他唯一能做的通过“Trial and Error”（尝试与犯错）在黑暗中不断尝试和摸索，直到找到一个能吸引父母注意的手段。

鲁道夫·德瑞克斯曾经在《孩子：挑战》一书中说过：孩子是杰出的观察家，却是糟糕的口译者。所以，很多情况下，孩子不知道如何去表达自己的意愿。

假如孩子可以用言语表达的话，如下则是他的心声：

“妈妈，我最近感受不到和你足够的情感联系，我很渴望你能更加关注我，但好像你对你的工作和手机更加感兴趣。”

因为无法用言语来表达，孩子借助了我们熟知的形形色色不当行为来传达自己的需求。如果家长立刻把注意力转向孩子，不管是正面管教还是负面惩罚，孩子的需求就得到了满足，孩子的行为就已经奏效，他们下一次只会卷土重来，使用同样的手段来获取我们的注意力。

可能有的家长会纳闷，孩子每次吵闹在我这里都没好果子吃，不是挨打就是挨骂，为什么孩子还屡教不改、屡败屡战呢？难道是因为孩子没记性？

的确，没记性是一方面。但更重要的是你的回应（虽然是负面回应）还是满足了孩子对关注的需求，孩子得到了一定的“回报”，实现了自己的目标。虽然孩子内心更渴望正面的关注，但负面关注至少比没有关注要好。

同样，如果孩子可以借助语言来沟通他对重要性或“权力”的需求，听起来就会像以下片段：

“爸爸，我感受不到自己的重要性。你一直把我当成小宝宝，整天对我发号施令，告诉我做什么、何时做以及如何做。你剥夺了我的决定权，让我无所事事。”

但孩子不会这样文绉绉地和你沟通他的想法，相反，他借助于对抗、“不听话”、发脾气等不当行为来显示其重要性。孩子的目的很简单，“我的生活我做主，还我应有的决定权。”

而你一旦被激怒失控，选择和孩子以牙还牙、大发雷霆，你就真的是中招了。孩子会从与你的“权力争斗”中获取极大的满足感，一下子感受到了自己前所未有的重要性与力量。此时此刻，你尽管在声势上战胜了孩子，但你已经在心理上成为孩子名副其实的“俘虏”。

好了，现在让我们从理论王国里走出来，回到我们的现实世界。当孩子无理取闹时，我们究竟该怎么做呢？

通常，在我们的积极父母课程里，讲师会与你一起探讨众多行之有效的方法和工具。但现在只请你记住一点：深呼吸三次，让心情平静下来，想象着你无助的孩子的脖子上挂着一个写满以下文字的求助牌。

“爸爸妈妈，我很需要归属感和重要性，但我不知道怎样获取它们。我现在只能尝试这些不当的行为来引起你的关注，并向你宣战，因为我实在不知道有什么其他途径。”

各位家长，别再呵责孩子，停下你手中的活儿，认真思考一下眼前孩子行为背后的动机；也别再打骂孩子，给孩子一个真情的拥抱，提醒孩子他是有归属也是重要的。

俗话说，缺什么补什么，在接下来的数招里我们会一起探讨如何增强孩子的归属感与重要性。

学以致用　冰山一角

为人师表的孔子曾说过：温故而知新，可以为师矣！

现在，让我们回忆一下刚刚学过的育儿之“道”。

孩子行为的最根本目标是实现 ________ 和 ________。

孩子的所有行为都因 ________ 而起。

一个有不当行为的孩子是一个 ________ 的孩子。

随着你对家庭教育的深入了解，你会越来越发现孩子的不当行为只是冰山那露出水面的一角，而非问题的根源。作为父母，我们更需要透过现象看本质，理解冰山那没入水下的部分，也就是孩子不当行为背后的深层动机。

在我的长期育儿实践中，我也像很多父母一样走过不少弯路，曾经一度痴迷于众多育儿的技术和工具：如何让孩子按时起床？如何让孩子不吵不闹？如何对付逆反的孩子？等等。后来，我发现自己被众多纷扰繁杂的育儿工具搞得筋疲力尽，却收效甚微，有一种“衣带渐宽终不悔，为伊消得人憔悴”的感觉。

后来我明白了，我只是在苦苦寻求育儿之“术”，却忽略了对“道”的掌握。而在我掌握并践行孩子行为背后的动机理论之后，我豁然开朗，一种蓦然回首那人却在灯火阑珊处的感觉油然而生。的确，育儿之“道”让我从对育儿工具的刻板记忆和使用中走出来，走进了“人剑一体、挥洒自如”的全新育儿世界。

现在，让我们闭上眼睛，想想孩子近期所表现出的不当行为，试着探索背后的动机，并完成下表。

孩子所表现出的不当行为	孩子行为背后的深层动机（归属感或重要性缺失）
例子：整天和爸爸对着干	归属感缺失：爸爸陪伴不够，没有信任度和亲密感

第三招
投入地陪伴孩子，忘了自己

在父母和孩子之间建立亲密感之前，
所有的育儿招数都是徒劳无益的。
然而，忙碌的父母们又如何高质量地陪伴孩子呢？

俗话说，没有规矩，不成方圆。

大多数父母都懂得规矩和管教在孩子成长中的重要性。但是管教绝不是一蹴而就的，它的效果好坏取决于父母与孩子的亲密关系和信任程度。

当我们与孩子关系亲密无间时，规矩的实施就会易如反掌、简单易行，孩子会认为我们是在真诚地关心他们，我们也因此对孩子有更大的影响力；反之，如果我们和孩子的关系疏远紧张，孩子会把我们的管教看成一种负担和束缚，会觉得我们只有在说“停下！”和“不要做！”的时候才关注他们，这会令他们感到异常沮丧、不满甚至愤恨。而且，因为缺少足够的父母关注，有的孩子甚至故意做出不当行为，以期引起我们的关注。

为了建立和保持与孩子之间的积极关系，我们必须保持每天和孩子足够的互动时光。互动时光通过父母主动地在孩子没有要求的时候给予孩子关注，从而避免了因父母关注不够而导致的不当行为。理由很简单，每个孩子都有一个关注的篮子，我们通过互动时光把篮子填得满满的，孩子根本没有必要通过不当行为来寻求归属感。

互动时光可以形式多样，时间可长可短，可以是下班后的十分钟骑马游戏，或者周末的半天室外活动。还有更好的，为什么不来一次想走就走的旅行，全家花上一周时间去最喜欢的过山车公园尽情玩耍，尽情地给孩子买纪念品，再给孩子们一天吃三次冰激凌？（抱歉，这是我8岁的女儿启发我的，因为我们教会她梦想可以很大）。

身心灵互动时光的成功关键

研究证明，每天一次身心灵互动时光是预防孩子不当行为的最佳良药，父母在身心灵互动时光方面投入的时间和质量直接影响孩子的行为。一旦我们缺乏足够的身心灵互动时光，孩子就会因缺少归属感和重要性而更多地借助于不当行为。

一分投入，一分收获，随着你身心灵时光的进行，你会惊喜地发现孩子的不当行为会逐步减少直至消失。当然，前提是作为父母的你必须身体力行、持之以恒地践行，而绝不能三天打鱼两天晒网。

以下为身心灵互动时光的一些关键点：

给你的“身心灵互动时光”起一个有趣的名字，如“幸福时刻”。在每次开始之前，父母可以告诉孩子；“好，现在是我们的幸福时刻。”结束之后，别忘了告诉孩子：“妈妈特别喜欢这段时光，我们明天再继续。”

选择孩子喜欢做的事情，而非大人想要孩子做的事情。父母可以让孩子头脑风暴想出一个活动清单。

时间长短不是重点，重要的是要身在心在灵也在，避免三心二意、敷衍了事。父母在这段时间里需要把注意力100%地放在孩子身上，最好把手机和平板电脑先搁置一边。

父母在互动时光里一定要摈弃“家长式自我状态”，全身心地进入“儿童式心理状态”。别忘了，互动时光的主角是孩子，而不是父母。

最好和孩子商定好一个相对固定的时间段。如果你因故要缺席，需要事先告诉孩子并重新约定时间补上。

很多父母反映：平常工作和家务繁忙，根本每天抽不出固定的时间和孩子共享身心灵时光。

针对这种情况，我们有如下建议：

❖ 学会在生活中做减法，从其他不必要的活动中“偷”时间。“我难道必须看这个电视剧吗？”“我难道必须要玩网络游戏吗？”孩子教育显然比这些活动要重要百倍，你的每天十分钟的投入会收获无穷的回报。

❖ 对已有的活动“再包装”，提升活动的效果。你可能每天已经和孩子有一些固定的活动，比如讲故事。你可以把这些活动改头换面称为身心灵互动时光，让孩子感受到你对他的关注和重视。

现在开始吧，每天投入一点点时间，尽情与孩子互动玩耍。你定会惊奇地发现，互动时光会让孩子更加乐意接受我们，从而给我们的亲子关系带来巨大的“回报”。

学以致用

互动时光

每天花一分钟想些你和孩子曾经做过的有趣活动，回想你和孩子玩耍时的良好氛围。想象一下你孩子脸上荡漾着的笑容，孩子的天真无邪、活泼灿烂都让我们心动不已，因为孩子知道我们喜欢和他(她)在一起。

知行合一，从现在开始，每天至少抽出十分钟和孩子共享快乐时光，并且记录你的经历与感受：做了什么？效果如何？如何改进？

第四招 问题未必是坏事

家庭中问题的存在是
对孩子进行品格塑造的绝妙机会。
化问题为机会,你家里的问题可以转换成
哪些品格教育的机会呢?

作为父母,你是否想过到底是什么造就了有的家庭快乐和谐,而有的家庭却苦苦挣扎?你可能会惯性地认为,“问题”的存在造就了家庭的不同。事实上,所有的家庭都有“问题”。“问题”并不可怕,因为“问题”即是机会,处理得当会让家庭幸福美满,处理不当则导致家庭日益失调,就像著名的美剧《辛普森》里描绘的那样踉踉跄跄、每况愈下。

其次,家庭中的“问题”的存在也为父母对孩子进行品格教育提供了绝妙的机会。父母可以以身作则,充分发挥示范效应,在解决“问题”的同时去教会孩子责任、合作、勇气、冲突处理、谈判技巧、问题解决力等。

学以致用 发现“颠簸”、化险为夷

一个小男孩带着他的弟弟去爬山，想体验一下“会当凌绝顶、一览众山小”的感觉。不知不觉中，山路变得愈发陡峭颠簸。

“这可怎么爬呀？”弟弟焦虑地问，“山路太颠簸了”。

哥哥抓住弟弟的手，平静地说道，“我们就是要走在颠簸的路上，因为颠簸，我们更需要团队合作；也因为颠簸，我们的旅途更加充满乐趣。”

说完，兄弟俩手拉着手继续攀登，享受着颠簸给他们带来的刺激，但这不是重点。重点是，我们生活中的“颠簸”就是我们的机会。

活动中，请注意观察你的家庭，写下一些你觉得可以趁机教给孩子们优秀品质的问题。比如，如果问题是“房间总是很乱”，你教给孩子的优秀品质就是“整洁干净”和“井井有条”。

家庭中的问题	可以通过问题教授孩子的优秀品质

第五招 化干戈为玉帛：选择的魔力

在亲子相处中，"选择" 的使用
不仅能大幅减少孩子的对抗心理，
更能从小培养孩子的决策能力，
让孩子终身受益。

有一次，我去拜访一对朋友夫妻，在准备出去用餐时，这对年轻的夫妻和他们五岁的儿子陷入了就是否穿外套出去晚餐的激烈对峙中。我眼睁睁地看着朋友夫妻使尽全身解数，从一开始的好言相劝，到接下来的苦苦恳求再到后来的言语威胁，换回来的还是儿子固执的抵制。

看着痛苦不堪而又无计可施的朋友夫妻，我悄悄地把妈妈喊到一边，问他的儿子是否还有另外一件外套。幸运的是他们的确有另一件外套，我建议妈妈先平息一下情绪，用关怀的语气让儿子在两个外套中选择一件。这位原本还想狠狠教训孩子一番的妈妈，尝试着给了儿子一个选择的机会。出乎意料的是，这个刚刚还桀骜不驯的男孩几乎不假思索地选择了另外一件外套，一场剑拔弩张的权力争斗就这样平息下来。

很多父母可能会想："是的，我可以给他选择，要么干净利落地穿上外套，要么痛痛快快地挨上一顿。"棍棒底下出孝子，不打不成器，武力征伐的确会短期奏效，但会留下很多副作用和心灵的"伤疤"。随着时间的积累，孩子的怨气会日积月累，孩子的逆反会酝酿形成，他会离你越来越疏远，很有可能会在很多其他更重要的事情上选择与你对抗。

选择的魔力就在于它赋予了我们孩子无须说"不"就能得到的合理权力空间，归根结底就是我们在第二章所学到的孩子对重要性的追求。人类对权利空间的需求与生俱来，随着年龄的增大，孩子对权力空间的诉求会日益强烈。

换位思考一下，当我们给孩子的总是命令，而非选择，那么如果孩子想要维护自己的权力空间，他唯一能做的就是抗拒你的命令。而当我们给孩子两者选一的"权力"时，孩子就可以充分行使自己的重要性，而又不至于拒绝你。

比如，我们可以问孩子"你想喝橘汁还是苹果汁？"，"你想饭前做作业，还是饭后做？"。选择的方法貌似简单，但魔力无穷，不仅可以避开父母和孩子喋喋不休的权力争斗，还可以从小就锻炼孩子的决策能力。随着孩子年龄和心理成熟度的增加，父母可以给他们提供更多开放式的选择，比如，"你早上想喝什么果汁？"，"你打算什么时候完成家庭作业？"。但对于小龄儿童，简单为王，父母应该使用"想／还是"，让其两者选一。

选择看似简单，但使用起来并非易事。现实生活中，场景的变幻莫测，孩子的喜怒无常，都要求父母具有一定的应变能力，能即兴发问、活用选择。而应变能力的培养来自平常的日积月累和刻意训练。

学以致用　开始“选择”

选择工具通过给孩子赋予“界限内的自由”来实现孩子对“重要性”的追求。因此，父母在给予孩子选择的时候也需要遵循一定的界限，也就是说你给孩子提供的选项必须是你可以接受并且可执行的。

本周特别留意那些你给孩子命令而非选择时的场景，然后伺机提供有限度、你可接受并且可以执行的选择。

例如，当你想让孩子吃素菜时，不要让你孩子要么吃蔬菜，要么离开餐桌。这样的话，如果他选择离开餐桌，你就会拍桌子并喊到“坐下来！吃完你的蔬菜！”。

只提供你可接受的选择！另外，不是事事都适合使用选择。对那些事关孩子安全的事情，父母需要给出明确的指令（而非选择）。例如，当你四岁的孩子跑向车水马龙的大街时，你就必须当机立断大喊“停下来！”，然后跑去制止他。

做个有创意的父母，我相信你能找到很多安全、合适的选择去开始使用。熟能生巧，在下面记录下你使用选择的效果。

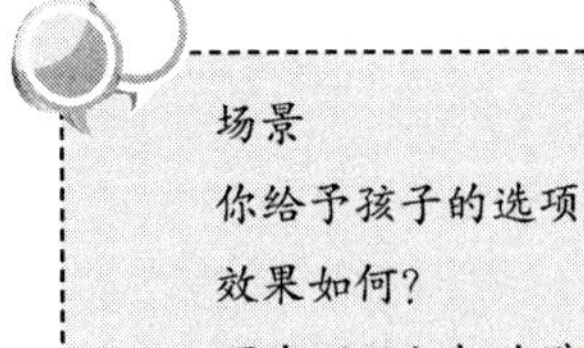

场景

你给予孩子的选项？

效果如何？

下次可以如何改进？

第六招
放弃胡萝卜加大棒，使用“条件选择”让孩子做该做的事

从古到今，父母们经常使用奖励或者惩罚
来轻而易举实现我们的目的。
然而，奖惩的弊端也显而易见，
到底有没有更好的办法呢？

相信你一定也注意到了，孩子经常更愿意做他们想做的事情，而不是他们应该做的事情？其实，我们大人又何尝不是这样呢！

一言以蔽之，其背后的根本动机还是孩子对“重要性”的追求。另外，你和孩子之间的亲密感和信任度也直接影响了孩子是否愿意遵循你的指示而去做应该做的事情。俗话说，要想儿听话，（首先）做个好爸爸。相信通过前几招的“互动时光”，你和孩子的亲密度应该上了一个台阶，不是吗？

最简单也是最有效的让孩子去做他们应该做而不愿做的事情的方法是使用“*当……之后，就可以……*”的条件性选择。这种技巧也被称作“祖母法则”，因为即便今天不学，当我们有朝一日成为祖父母时，我们自己也会自然而然地悟到这条法则。条件选择方法不仅

可以预防父母与孩子之间的权力争斗，更可以有效激励孩子去做应该做的事情。

如何使用条件选择呢？父母只需将孩子应做的事情（比如整理房间）和孩子想做的事情（比如继续玩耍）按一定顺序组合起来，要求孩子必须先完成第一件事才可以做第二件事。

“当你整理完房间后就可以去玩耍了。”这也暗示着，如果孩子不整理好房间，他（她）也就选择了不去玩。

和所有其他育儿方法一样，使用条件选择时，父母必须心平气和，又要坚持到底，否则将功亏一篑。孩子是天生的心理学家，他们无时无刻不在窥探和揣摩我们的音容笑貌，一旦发现我们的妥协便会伺机而动。鉴于此，使用条件选择时，我们的语气应该是平静而坚定，轻松而不妥协。

条件选择绝不等同于简单的奖励或者贿赂，因为后者会培养孩子对奖品的严重依赖感，而前者则可以培养孩子的“先工作再玩耍”的价值理念。下面列举了一些典型的“当……之后，就可以……”的例子：

- ❖ 当你刷完牙后，妈妈就给你读睡前故事。
- ❖ 当你做完作业后，你就可以玩10分钟电子游戏。
- ❖ 当你们两个停止吵架后，我再继续开车。
- ❖ 当你吃完主食后，就可以吃甜食。

学以致用　祖母法则

回想一下你的育儿经历，写下一个孩子应该去做，但却一直不愿去做的事情或行为。

____

____

____

然后，写下一个或几个你的孩子爱做的事情，而且和前面应该做的事情有着先后的逻辑关系。

____

____

____

现在，使用“当你……之后，你就可以……”造句。

____

____

____

对了，还有一点很重要：如果孩子真的如我们所愿去做了应该做的事情，一定不要忘了及时向孩子表达你的真诚赏识和言语鼓励，因为鼓励对孩子来说就像水和空气对万物一样重要。

第七招
未雨绸缪、防患未然

很多时候，孩子做错事是因为
不知道具体的界限。
如何做个积极父母，
和孩子主动沟通我们的期望值呢？

很多时候，孩子对父母的了解远远超过父母对孩子的了解。英语中有个谚语，It's easier to beg for forgiveness than ask for permission，大意是先斩后奏求原谅比事先拿到批准更容易。很多痴迷网络游戏的孩子心知肚明，取得父母的事后谅解往往比得到他们的事前同意更容易。因此，孩子的很多不当行为源自我们没有提前明确告知我们的期望值或者界限。

"噢，妈妈，我真的不知道你是指我在同学家不能玩游戏，我以为你只是说在我们自己家不可以。"

当然，孩子秉性各异，有时的确是因误解而起，但更多时候是孩子在放烟雾弹来忽悠我们。但是无论什么情况，只要我们花时间和孩子坐下来，开个会议讨论新情况和我们的期望值，并达成一致，很多问题都可以提前避免。值得提醒的是，这样的会议绝不是父母单方面制定规则的场合，而是让孩子参与进来讨论在特定情况下什么可以做、什么不可以做的好机会。

当然，作为一家之主的父母有权力和义务限制不健康、不安全、不合理、不道德，或违反家庭价值观的事情发生。关键是要让每个人都清晰地了解期望值，而且，孩子也因参与讨论而感觉自己也是规则制定者（从而满足其对重要性的诉求）。

这些防患未然的亲子讨论可以包括以下议题：

在外过夜、网络游戏、出去晚餐、购物、拜访祖母、约会、参加舞会、与保姆在一起、邀请朋友、学校功课、家庭度假策略、物质滥用等。

学以致用　未雨绸缪

讨论开始前，花上几分钟时间写下那些将来可能出现问题的担忧，然后主持会议："这次家庭聚会是想确保我们每个人都清楚____________________……"

在会议期间，父母要保持积极平静的语调口吻，你需要展现你对孩子能做出好决定并根据情形适当表现的信心。问问题是一种很好的讨论方法，例如：

"你可能会碰到什么样的问题？"

"你会如何处理？"

"如果……怎么办？"

确保达成一致并保持鼓励的语气。例如：

"那么我们同意了……"

"如果……发生，那么你就……我会……"

“好想法！我喜欢这个……”

“我希望你能玩得开心，同时注意安全和健康。”

最好，记录会议细节以及达成一致的内容。

第八招
那个小男人也需要尊重

己所不欲，勿施于人，尊重是双向的。
我们经常在不经意间
使用极不尊重的方式和孩子谈话，
而当孩子以牙还牙用同样的方式对待我们时，
我们始如梦初醒。

在葆金博士的最近一版《积极父母学》出版后，他作为嘉宾被邀请参加知名主持人奥善拉(Oprah)主持的脱口秀节目。虽然他已经不止一次上她的节目，但因为不知道读者对新书的反应，还是略微有些紧张不安。

节目开始后，满席的观众先一起观看了一段书中的节选视频。录像开场是一位母亲和她五岁的儿子坐在沙发上读书，妈妈问了儿子一个问题，儿子因沉浸在书中的情节而没有作出回应。

妈妈被惹恼了，提高了嗓门，用指责的口吻地对孩子说，“我到底要问你多少遍你才能听见？你这样忽视我是很粗鲁的！在我问你问题的时候，我期待你的立刻回答。你明白吗？小男人！”

录像继续播放，但这次是儿子问了妈妈一个问题，而妈妈因沉浸在书中的故事情节中而没有回答儿子。

儿子站起来，很生气地说：

“妈妈，你这样忽视我是非常不尊重我的。我到底要问你多少遍你才能听见？当我和你说话时，我期待你认认真真听！你明白吗？中年妇女！”

录像到此戛然而止，观众嘘笑声一片。

葆金博士长舒了一口气，心想，观众明白了录像的意思。

在我们当今的多元化民主社会中，互相尊重举足轻重。早在两千五百多年前的春秋时期，孔子就说过“己所不欲，勿施于人”。无独有偶，美国近代著名小说家伯纳德·马拉默德也说过一句类似的名言：只有尊重他人方能赢得他人尊重。

相互尊重不仅适用于成年人，也同样适用于未成年人。言传不如身教，教会我们孩子尊重他人的最好方法是我们自己以身作则尊重我们的孩子。正如录像所示，我们经常和孩子说话的方式是不尊重他们的，而我们常常意识不到；而当孩子以牙还牙，用同样的方式来对待我们时，我们才如梦方醒。

作为父母，我们最好平常能身体力行、尊重孩子。这样，当我们注意到孩子用不尊重的方式和我们说话时，我们就可以义正词严地说：“爸爸妈妈从不用这种方式和你说话，也不希望你用这种方式来对待我们。”

当然如果孩子还是继续我行我素，我们还会有多种实施规矩的方法，这在以后的篇章里会详细讲述。

学以致用

相敬如宾

以人为镜，可以明得失。作为父母，我们可以从我们自己父母的身上学到很多优点缺点和经验教训。现在，闭上眼睛，回想一下你自己的童年经历，父母的哪些方式是尊重我们，哪些是不尊重我们的。

❖ 爸爸和妈妈有哪些时候是尊重我们的？
❖ 爸爸和妈妈有哪些时候是对我们不尊重的？
❖ 我们自己有哪些时候是对孩子不尊重的？

在你企图对孩子有不尊重行为之前，把孩子想象成一个大人，像对待大人般地对待我们的孩子，然后回答下述问题：

❖ 你自己的行为有哪些变化？
❖ 孩子对你的态度有哪些变化？

第九招
家长也需被关爱

孩子的力量源于父母。
智慧的父母，保持良好的精神状态，
给予孩子能量，让孩子安神、安心和安宁；
平庸的父母，忽略适度的自我关爱，
消耗孩子能量，让孩子焦虑、恐惧和不安。

前段时间，一段“世界上最辛苦工作”招聘的视频风靡全球，获得数千万的点击量，看看以下描述：

它不只是一份工作，它可能是最重要的工作。

我们这个职位的名称叫“运营总监”。

但事实上，要做的工作远远不只这些。

工作的责任和要求，其实相当广泛。

第一个要求是身体灵活性，这份工作要求你必须能够大部分或所有时间站着工作，不断地站着，不断地弯腰，不断地运用自己的体力。

一个星期要做135小时，或者更长，基本上每星期7天，每天24小时待命。

没有时间供你休息，你可以吃午饭，只有当所有同事都吃完的时候。

这个职位需要出色的人际交往技巧，还要会医学、金融和烹饪艺术专业的人才。

你必须有能力身兼数职，并持续不断地关注共事的人，有时不得不与同事一同熬夜、彻夜难眠。

你需要能够在一个混乱的环境中工作。如果你自己有舒适生活，我们会要求你放弃那种生活。

没有休假，事实上在过年过节以至所有假期，工作量会大大提高。

一年365天都要工作，这是我们要求的。

当然，像这样辛苦的工作，薪水当然是没有的。

毋庸置疑，世界上最有挑战的工作就是为人父母。做父母难，做个积极的父母难上加难，需要大量的身、心、灵的投入。

想象一下你的能量是被放在大杯子里的液体里，你也许会讽刺地说，“的确如此，那可是一大杯烈酒”，这意味着你比任何时候都需要本章节。

整个一天，你无时无刻不在贡献着这些能量，在你工作的时候，在你和配偶一起的时候，在你和朋友相处的时候，当然一定还有在你和孩子互动的时候。经过很长的昼夜消耗，这杯液体一定变得干涸了！

作为家长，我们一直在照顾他人，但我们自己也需要被好好照顾。反之，那些从不考虑关爱自己、满足自己需求的父母，一定会缺乏能给予孩子最棒体验和情感的能量。当然，也有少数父母走到另外一个极端，过分关爱和照顾自己，而忽略了孩子的合理需求。与很多其他事情一样，两者的平衡是关键。

我们如何才能每天给自己注满能量呢？可以从以下四个类别

考虑：

- ❖ 健康方面：保证充足的休息、营养和锻炼。
- ❖ 社交方面：与朋友谈心，与另一半充分待在一起，有闺蜜（知心朋友）。
- ❖ 心灵方面：寻找健康的休闲方式和室外活动，培养一个个人爱好。
- ❖ 条理方面：每天列出“要事清单”，日历上记下何时做何事，整理好家里的每个角落。

记住，适当的自我关爱绝不是自私。相反，这是自我调整的最有效方式，以便可以更好地关爱家庭。一个不会关爱自我的父母也很难做到一个合格高效的父母。

学以致用　自我调休表

关注自我关爱，在下表中填写自我关爱活动的想法，请尽情发挥你的想象力！

也许晚上泡个热水澡，可以让你有个好睡眠。

也许你一直想报个艺术学习班，那就不再等了！

你甚至会很惊奇发现，原来收拾好一个混乱的衣橱也可以让我们重现活力。

不停去尝试体验，找到适合自己的修整方式（只需记住不要过度饮酒或者临时去旅行一周的快速修复法）。

最后，在你本周所做活动旁打上勾，然后评估自己的感受并发现还有什么其他成果。

健康方面	你做了吗？
社交方面	
心灵方面	
条理方面	

第十招
鼓励而非奖励

我们经常拿着好处在孩子面前晃来晃去，
这和我们对待家庭宠物没有任何区别。
做一个火眼金睛的积极父母，
时刻捕捉孩子的积极行为，然后……

我们一起做个快速的小试验，你是否知道自己现在的体温？结果可能是除非你现在特别热或者特别冷，否则你不会注意到你的体温。

我们很少会坐下来想："现在一切都很舒适，我不希望有任何人破坏此时的恒温，或者给我一条厚毛毯。"我们只是对极冷和极热才敏感。

我们对孩子亦如此，只要孩子们表现良好，做着如我们所愿的事情，我们往往忽略他们；可是一旦当孩子们犯错时，我们会立刻警觉起来！

尽管这种选择性注意在我们体温方面完全没有问题，但是在亲子方面会成为巨大的绊脚石。著名儿童心理学家鲁道夫·德瑞克斯曾经说过："鼓励于孩子来说，犹如水于植物一样重要。"

孩子们在成长过程中需要听到我们不断的鼓励，才能长成精神健康的人。“好样的，真棒，做得好，好主意，我真的很喜欢……我注意到……我为你感到骄傲！”这些鼓励会向孩子输入精神力量，鼓励积极行为，甚至会有助于孩子的智力发育。

鼓励而非奖励

那么鼓励和奖励有什么不同呢？简而言之，奖励关注的是做事的人和过去的行为，而鼓励则关注的是事情并激发将来的类似好行为。

在奖励中成长的孩子往往容易滋生以下问题：

❖ 拜金主义，过分看重物质实际。

❖ 养尊处优，处处以自我为中心。

❖“理所当然”的应得心理。

❖ 过分依赖外因激励，缺乏自我激励。

《为奖励所惩罚》(*Punished by Rewards*)一书的作者Alfie Kohn曾经写道，“我们经常拿着‘好处’在孩子面前晃来晃去，这和我们对待家庭宠物没有任何区别。”

本周训练自己去主动关注孩子的积极行为，慷慨使用支持和鼓励性语言。

好样的，真棒，做得好，好主意，我真的很喜欢……我注意到……我为你感到骄傲！

观其善举

本周的每一天，至少三次捕捉我们孩子的积极行为：可以是孩子简单地说句感恩的“谢谢”,或者是努力提高他们的成绩。

鼓励的关键是要真诚和发自内心,切忌敷衍了事,孩子一定会感觉到的。

让孩子知道你关注并很欣赏他们的态度和行为,用下面的表格记录孩子们的积极行为以及我们鼓励的用语,然后看看对孩子们有什么影响。

	孩子的积极行为	我们的鼓励用语
第一天		
第二天		
第三天		
第四天		
第五天		
第六天		
第七天		

第十一招
你对孩子了解有多深

"爸爸妈妈,你们懂我吗?"
这是纯真儿童对父母最原始的呐喊和质朴的渴望。

你有没有注意到,一个优秀的销售人员在向你兜售产品时,一定会先去努力了解你?因为,他们很清楚,销售的本质就是推销自己,消费者更倾向于向熟悉和喜欢的人下单。

育儿亦是如此。唯一不同的是,作为父母,我们企图"销售"给孩子不是有形的物品,而是无形的大"道":价值观、梦想、心态和行为习惯。"师者,所以传道、授业、解惑也"。作为孩子的最重要老师,父母的一个重要责任就是给孩子言传身教做人行事之"道",让孩子成长为具备优秀品格和素质的人。无形的素质对孩子的成长往往比有形的知识更为重要。

说起来容易,做起来很难。孩子很多时候视父母为"敌人",处处和我们对着干。究其原因,是我们和孩子之间的亲近程度不够,是我们没有赢得孩子的"芳心"。

试想，如果一个4S店的销售员对你说："你得买这部车，因为我是销售，我说了算。"你会怎么想？你可能会说，"你疯了吧！"然后扭头就走，去另外一家4S店。

"你疯了吧，爸爸妈妈"。不幸的是，这却是很多时候孩子对父母的真实感受。作为父母，我们常常认为我们给予了孩子的生命和一切的一切，我们不管怎么做，都源自一个"爱"字，都是天经地义和无可厚非的。

因为这个得天独厚的优势，我们把"父母"当成一个权威，而非一份工作。我们没有花时间去真正了解孩子，没有花时间和孩子去平等相处，没有花时间去"拉拢"孩子的心。相反，我们处处盛气凌人、颐指气使，甚至己所不欲，也施于人。哪里有压迫，哪里就有反抗，结果可想而知，父母重压之下必有反抗的儿童，我们作为父母对孩子的影响力反倒江河日下、日趋枯竭。

这注定是一个"双输"的过程，孩子痛苦，我们更痛苦不堪。

"爸爸妈妈，你们懂我吗？"这是纯真儿童对父母最原始的呐喊和最朴实的渴望。

知己知彼，百战不殆。父母是孩子的启蒙老师，了解孩子有助我们更好地去影响和教育他们，从而成为更合格的父母。

其实，我们对孩子的了解并不难，只要我们放下自己的身段，卸下父母的"盔甲"和孩子进行平等的交流。

❖ 时机很重要

千万别忽然心血来潮，直接把孩子从他们最喜欢的游戏和活动中拉过来进行谈话。通常，睡觉前是一个不错的选择，通过故事和聊天和孩子来进行身心交流，孩子会带着爱意慢慢入睡、进入甜蜜的梦乡。

还有，当孩子主动要求你来陪他的时候，千万别因为自己太忙而随意拒绝，因为这时候的互动会让你的亲子沟通事半功倍，达到意想不到的效果。

❖ **赏识式沟通**

如果你目前还做不到，至少不要带着偏见和孩子去沟通。孩子都是天生的心理学家，有着一颗比成人更为敏感的心，他们会察言观色，很轻易地捕捉到你言语声色中的负面信息。

把孩子当成一个成人朋友，放弃固执、偏见与批判，摘下作为父母的乌纱帽，带着一颗赏识的心，用平等的方式和孩子进行一场真正的沟通，你定会收获惊喜。

❖ **开放式问题**

从孩子呱呱坠地起，父母就成为孩子的最重要教练。在长期的企业和家庭教练实践中，我意识到，授人以鱼不如授人以渔，给方法不如问问题。所以，作为教练，父母需要练习的一个技能就是提问，通过循循善诱的引导，让孩子自行解决自己的问题。

封闭式问题的效果远远不如开放式问题。因为，对于封闭式问题，孩子很容易用“是”或“不是”、“好”或“不好”、“行”或“不行”来打发你，从而很快结束这场交流。

开放式的问题则可以让父母和孩子的沟通步步为营、逐步深入。举个例子，孩子放学回家时，我们经常会问“今天学校过得怎么样？”。换个方式提问，比如“今天在学校有没有发生让你吃惊的事情？”，你和孩子的沟通效果一定会更好。

了解孩子

以下这个活动会评估你对孩子的了解到底有多深，从而帮助你更加了解孩子。

首先,自己尽力回答以下关于孩子的问题。

其次,找个合适的时间,和孩子进行一场谈话,记下孩子的答案。

最后,比较答案,看看你是否真的懂孩子。

需要指出的是,千万别把这个活动当成一项任务来作,轻松一些,效果会更好。如果你有不止一个孩子,请分开进行谈话。

问　题	你的回答	孩子的回答
最喜欢的电影和原因		
最爱看的电视节目和原因		
最爱吃的食物		
最喜欢的冰激凌风味		
如果能做个明星,你最想成为谁?为什么?		
如果你有足够的钱,你第一个要买的是什么?		
如果你可以整个一周和一个好朋友待在一起,那会是谁呢?		
(接上题)为什么会选择那个小伙伴?		
那个小伙伴为什么喜欢和你在一起?		
你现在最为困扰的一个问题是什么?		

第十二招
谁是问题的主人

解铃还需系铃人，
谁是问题的主人，谁就是解铃人。
当问题来临时，父母如何三思而后行、
冷静地判断谁是问题的主人？

如果你还记得，在第四招“问题未必是坏事”里，我们曾经说过：“问题”并不可怕，因为“问题”即是机会，家庭中“问题”的存在为父母对孩子进行品格教育提供了绝妙的机会。

本周，我们将一起探讨如何解决问题。解决问题的首要任务是明白谁是问题的责任人，父母还是孩子？用心理学的行话来说，就是要先正确判断谁是问题的主人。如果这一点搞不清楚，解决问题就如缘木求鱼、徒劳无益。

如果问题的主人是父母，积极适度的规矩管教可以帮助解决；如果问题的主人是孩子，有效的亲子沟通和父母支持则是解决问题的关键。

如何识别谁是问题的主人呢？以下三个问题会帮助父母作出判断。

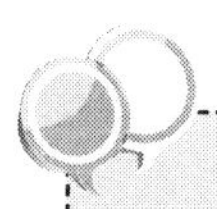

1. 这个问题在干扰谁的目标?
2. 谁最被这个问题所困扰?
3. 这个问题事关健康、安全和家庭的价值观吗?

为了更好地解释这个流程,请参照以下我们耳熟能详的场景。

问　　题	谁是主人?
孩子在饭店大声嚷嚷、上蹿下跳	父母,因为是父母(和其他客人)被这个行为所干扰
因为没有被邀请参加同学的一个生日聚会,孩子有些情绪低落	孩子,因为孩子的目标是参加生日聚会,而却没有被邀请
孩子经常用手玩电源接线板	父母,因为事关孩子的安全
孩子因为你没有答应给他买新的iPad而郁郁寡欢	孩子,因为最困扰的是孩子,而不是父母
孩子经常性不按时完成学校作业	父母,因为干扰了你对孩子培养的目标,并且你被深深困扰

学以致用　识别问题的主人

知道不等于做得到,做到不等于做得好,只有知行合一才能熟练掌握这一技能。先用以下三个案例练习识别问题的主人:

问　　题	谁是主人? 为什么?
孩子朝着玻璃窗户练习投掷棒球	
孩子在学校因考试作弊被罚额外的家庭作业	
孩子经常忘了关洗手间的灯	

现在，写下本次活动在你家里发生的三个亲子问题，然后分析谁是问题的主人。尽量找出不同类型的问题，有些是父母的问题，有些是孩子的问题，我们在后续章节会针对这些问题找出解决方法。

问　　题	谁是主人？为什么？

第十三招
亲子沟通中的绊脚石

“我太擅长在沟通中使用绊脚石了，
一开口便口若悬河，
绊脚石一个接一个倾口而出。”
一位亲子关系异常紧张的妈妈曾经这样说。

接下来的四个章节里，我们会聚焦用亲子沟通来高效解决那些“孩子是主人”的问题。在掌握高效沟通之前，我们得首先做减法，摈弃那些让我们沟通不欢而散的绊脚石。

所谓沟通的绊脚石，就是那些影响我们沟通畅通、阻止沟通于瞬间的言语、语气和态势语。沟通的绊脚石在我们家庭和工作中无处不在，有时候我们不经意的一句话、一个表情就会让对方哑口无言，与你沟通的欲望也顿时荡然无存。我们通常需要避免的绊脚石包括：

命令式　“你应该做……”

批判式　“我给你说了无数次，你怎么……”

打击式　“你看看，你怎么就没记性呢？”

建议式　“你为什么不这样做呢？……”

安抚式　“一切都会过去的，你等着瞧吧！”

审讯式　“你到底做了什么让他这样……”

干扰式　“不要担心那个问题，我们来……”

判断式　“你那样做，实在不好……”

讥讽式　“好吧，世界末日看样来了……”

先见式　“我早就想到会这样了……”

从以上绊脚石即可管中窥豹，实际生活中的例子不胜枚举。一位亲子关系异常紧张的妈妈曾经这样对我说：“我太擅长在沟通中使用绊脚石了，一开口便口若悬河，绊脚石一个接一个倾口而出。”

作为父母，我们日出而作、日入而息，纷扰繁忙中养成了很多不经意的习惯。这种沟通的绊脚石连我们自己都已经意识不到了。毋庸置疑，我们对孩子的爱是无私的，我们沟通的本意是善良的，我们的愿望是美好的，而结果却经常事与愿违、适得其反。

孩子对父母的一言一行有着出乎我们想象的敏感度。我们的沟通绊脚石会向孩子传递一个负面的信号：你自己没有能力解决自己的问题。这种感觉往往让孩子有一种空前的受挫感，会让他们顿时垂头丧气、倍受打击，和你继续沟通的愿望也荡然无存。反应激烈时，很多孩子甚至会立刻把自己关在房间里。很多父母可能没有意识到，在孩子关上那扇房间之门的同时，他们也关上了和你继续沟通的心灵之门。

知之尚能改之，意识到了自己的沟通绊脚石，我们就要去刻意防范对他们的不经意使用。

学以致用 俘虏我们的绊脚石

写下你平常最爱使用的三个沟通绊脚石，然后写下你的“善意出发点”以及你给孩子带来的“负面信息”。

绊脚石	我的善意出发点	我带来的负面信息
第一		
第二		
第三		

接下来，在本周里刻意关注自己的言语，试一试能否在将要使用绊脚石前把话咽回肚子里。

在下面的表格里，写下当时的情景、你几乎要脱口而出的绊脚石以及你使用的替代语言。

情　景	绊脚石	我使用的替代语言
第一		
第二		
第三		

第十四招
妈妈，请听我说

我们的不屑和急躁不仅让孩子欲语而止，
而且让亲子关系误解重重。
积极倾听、同理对话，
是每个父母都应掌握的沟通技巧。

“万里长城今犹在，不见当时秦始皇”，从小爱背古诗的女儿一直对长城有着念念不忘的情感。

暑假的一天，乘出差之际，我带着八岁的女儿乘京沪高铁去北京游览八达岭长城。

在繁忙的上海虹桥站，我们顺利完成换票、安检，找了处人少的座位坐下来，悠闲自在地等待检票，这时身边传来一串细细匆匆的脚步声。

抬起头来，一个妈妈满脸不满地瞪着边上的女孩：“就你喜欢乱跑，你看人家孩子多乖。”

女孩沮丧地望着妈妈欲语却无言。

妈妈继续不无埋怨地说教着：“给你说过多少次了，出门要紧跟着妈妈,就是不听话。”

片刻之后,女孩终于组织好了自己的语言:“妈妈,我就是想给你占个座位。”

妈妈看着女孩身边空着的座位,一声不吭地一屁股坐了下来,并低下头开始玩起了手机,留下了身边那个极度迷茫的女孩。

我看了一眼那个一脸沮丧地孩子,情不自禁地给了她一个肯定的微笑和点头。

我在想,女孩的心里一定在哭泣。

旅行在继续,在高速奔驰的京沪高铁上,女儿开心地倚着窗,一边欣赏着两边渐行渐远的风景,一边问着很多有趣的问题,从秦皇汉武,到唐宗宋祖,从宇宙乾坤,到天文地理,从哈利波特到玄奘西游。在愉悦的母女对话间,我蓦然发现,女儿已经悄悄长大,已经可以和我进行一段非常完整的探讨式对话。

车厢内还有不少和我一样带着孩子旅行的父母,他们或品着小吃,或躺着休息,和谐号车厢里弥漫着一派和谐的家庭气息。

这时候,火车广播里传来了亲切的列车员的声音:“各位旅客,您现在乘坐的是G4京沪高铁……”

一个男孩的稚嫩声在不远处响起:“妈妈,你确定我们坐的是到北京去的火车吗?”

妈妈不耐烦地回答道:“听不见刚才广播吗!”

孩子继续问道:“妈妈,你真的确定吗?”

“你怎么这么烦,玩你的iPad。”妈妈提高了嗓门。

我顺着声音望去,无辜的男孩顿时哑口无言,垂头丧气地盯着车厢尽头的屏幕,而那屏幕上赫然写着:下一站,南京站。

我深知,孩子的心里在说:“妈妈,我看见了上边写着南京站,我只是担心我们坐错了列车。你为什么不能用尊重的方式和我对话呢?”

我也曾经在机场碰到一位知名的篮球运动员，因为曾经相识，我们在等飞机的时候开始聊起了他的职业规划。但在我非常投入地与他聊天的时候，他却目光游离、四处张望，身体左右摇摆，仿佛在寻找是否有其他的球迷。或许，他的名气让他有权利这么对待我，但我当时的感觉糟透了，因为他的忽视让我感到了渺小。

和孩子相比，父母有着得天独厚的优势，包括身材、地位、年龄和辈分等。正因为如此，我们很容易在和孩子交流的时候敷衍了事，更谈不上用同理心倾听并和孩子感同身受了。

当我们的孩子向我们抛来信任的橄榄枝，愿意与我们分享他的问题的时候，我们至少应该用我们的眼睛和耳朵全神贯注地倾听他们的诉说。积极倾听不仅是听其所言，还是感其所感，全神贯注地听，尽量少说话，把全部的精力集中在孩子的身上，一些简单鼓励的话足矣，如“我明白了”或者“嗯，啊”，然后总结你听到的话。当然，还要避免沟通的绊脚石（你已经知道这点了，对吗？）。

如果你做到了，孩子就会由衷地感觉到被倾听和被关注，你已经迈出了高效亲子沟通的第一步。这本身就很鼓舞人心，在接下来的几招中，我们会进一步利用积极沟通来帮助孩子成为成功的问题解决者。

学以致用 今天在学校做了什么？

我们都曾问过我们的孩子：“今天在学校做了什么？”而不出所料，我们得到的回答通常是同一个老掉牙的谎言：“没什么。”

透过“没什么”三个字，孩子实际是在告诉你：“没什么特别的事”或者“没什么想和你说的”。本招的练习是运用积极倾听（同时避免沟通障碍)排除阻力,吸引我们的孩子和我们简短地谈论学校发生的事情。

首先,选一个合适的时间(切忌硬把孩子从他正在做的事情中喊过来),你可以开始尝试问"我可以和你谈五分钟吗?"还有,要注意谈话的语气,让孩子感受到你发自内心的兴趣和想听他分享的强烈愿望,比如"我真的想知道,告诉我今天有没有让你兴奋的事"。

谈完后,写出下面问题的答案。

你喜欢这次谈话中哪些部分?
如果谈话很成功,你是如何处理孩子最初的抗拒?
下一次你会用什么不同的方式?

第十五招
帮孩子把感受说出来

挖掘孩子的感受，
鼓励孩子用语言表达他们的情绪，
而非借助不当行为。

恭喜你，通过积极倾听，你已经迈出了帮助孩子自行解决问题的第一步。

第二步是让孩子知道我们作为父母，非常在乎他们以及他们的感受。这点为什么重要？因为我是专家，我说了算！开个玩笑，但是这种回答和教育孩子的方式会让孩子非常不配合。

我们在乎孩子感受的真正原因是想让孩子真正在乎我们的感受，而这恰恰是我们影响孩子的方式。正如俗话所说："孩子不在乎你知道多少，更在乎你在乎他们多少。"

行动胜于言语，我们无法通过对孩子说"我在乎你"来让他们明白我们有多在乎他们，我们必须做给他们看。而一种重要的行动方式就是倾听他们的感受，而非文字内容。当我们能辨别出孩子的感受并与之产生心灵共鸣的时候，孩子就会意识到我们真的非常在乎他们的感受。

你听起来真的非常恼火，我能看出这事让你伤心透顶，这的确很让人失望，不是吗？

当我们正确识别并真诚回应孩子的感受时，奇迹就会发生：孩子们会点头并继续分享；即便是我们回应有误时，孩子也会更正我们。无论哪种情况，和孩子之间的沟通都会被强化。

另外，回应孩子的感受，还可以鼓励孩子用语言表达他们的负面情绪，而不是借助不当行为。

学以致用　记者的陷阱

优秀的记者都知道问“W”问题的重要性：谁(who)、什么(what)、哪里(where)、何时(When)以及为什么(why)。对了解内容，这确实很棒。但我们此刻的关注点是孩子的感受，我们最需要的是“如何”的问题：孩子对此如何感受？

父母可以去问“W”问题，但当你回应时，我希望你会描述你认为的孩子此刻的感受，甚至会感孩子所感，这就是我们常说的感同身受，或者同理心倾听。

孩子的耐心有限，千万不要让谈话持续的时间过长。在谈话中，通过积极倾听并不失时机地识别并回应孩子的感受，多用试探性的口吻，比如“你貌似感到很不开心……”，“我猜得对不对，你……”。试探性口吻会让你在谈话中进退自如，把谈话进一步进行下去。

写下你经常使用一些形容感受的词汇和短语，并记录下孩子的反应。

感受的词汇	你说了什么	孩子的反应

第十六招
训练孩子三思而后行

通过简短的提问
帮助孩子衡量结果、而后取舍，
把决定权交回孩子。

让我们继续之前学习的积极沟通法则。假设我们的孩子出现一个问题，我们花了时间去积极倾听，我们也回应他的感受，这样可能足够帮助他自己解决问题，但也可能无法帮助到他。

有些时候，通过以上两步的初步沟通，孩子会对他所遭遇的问题以及内心的感受越来越清晰。但接着，他有可能会急于求成、用半生不熟的方法试图去解决问题，结果往往会让问题更加糟糕。

我们作为父母要帮助孩子三思而后行，权衡好后果再行动。我们可以问这样的问题：

如果你尝试那样做会有什么结果？

你还可以尝试什么其他方法?
你如何做可以改进这种状况?

记住问题的主人是孩子,我们不要试图告诉孩子如何解决问题,而是让孩子明白他的选择并预测每个选择的后果。这不是一门完美的科学,有时候即便我们努力了,后果也未必如我们所愿。如果这样的事情发生,我们再回到积极沟通的三部曲:积极倾听、回应感受、帮助孩子探寻备选方案并衡量结果。

学以致用 掌心向上

“掌心向上”,顾名思义,也就是把双手掌心翻向孩子,仿佛在说“决定权在你手上,不是我手上”。“掌心向上”是向孩子传递一个信息:我们作为父母只是帮助孩子找到解决方案,而不是接管他们的问题。

本周找个时间和孩子探讨一个他所拥有的问题。首先,积极倾听并回应他的感受;接着,在适当的时候用鼓励的目光看着孩子,边说边做“掌心向上”:“我不知道你会如何决定,但我愿意帮助你考虑各种选择,你自己觉得可能会怎么做?”(如果孩子已经告诉了你他的决定,你可以追问道:“如果你这么做,你觉得会发生什么?”)。

做完之后,按照以下问题评估整个对话流程。

你喜欢这场对话的哪些部分?
孩子对于“掌心向上”的动作是如何反应的?
下次再做你会有何不同?

第十七招
养成良好的睡眠习惯

睡觉并不难，功夫在睡前。
设计一套睡前程序，
让睡觉成为孩子的一件乐事。

朝起早，夜眠迟；老易至，惜此时。

这是千古蒙训《弟子规》里一句非常有名的话。大意是，时光如梭，岁月如水，一份光阴一份金，养成良好的睡眠习惯对人的一生至关重要（当然与古人不同，我们现在并不提倡“夜眠迟”。）。

孩子不愿按时睡觉不足为奇，这是困扰众多父母的一个老大难的问题。想想以下司空见惯的场景：你要求孩子去睡觉，孩子忽略你的要求；你再次要求，孩子再次忽略；你威逼利诱，孩子依旧我行我素；你忍无可忍并开始发飙，孩子被迫无精打采地走进自己房间。

难道只有这样做吗？难道让孩子睡觉这么难吗？

其实，让孩子按时上床睡觉还是有章可循的。

“睡觉并不难，功夫在睡前，”让孩子按时睡觉的关键是培养孩子良好的睡前习惯。

这个习惯从洗澡开始，父母可以利用音乐和玩具等，把洗澡变得充满乐趣；紧接着，开始刷牙，你可以逗孩子说，“你嘴巴能张得像狮子那样大吗？哇，我在你嘴巴里看到了一只羚羊！”；接下来的读书时间是整晚的亮点，不仅可以让孩子放松下来，还能帮助孩子增长知识（大一点的孩子或者青少年的父母，可以把读书时间换成谈心时间）；再接下来是关灯、祈祷（如果需要）或者应孩子要求抓抓背；万事俱备，只欠东风，最后不要忘记给孩子一个拥抱并说出每个孩子都渴望听到的那三个字：我爱你。

整个睡前程序，一环套一环。如果孩子抵制其中的某一环节，比如说不愿洗澡，你只需说：“好吧，亲爱的，如果你不想洗澡，那么现在就直接上床吧，我来关灯。”换句话说，如果孩子们破坏睡前的活动规律，那么就让他们直接上床睡觉，他们也会因此错过其他有趣的环节。

记住，只要你态度坚定而友好，孩子会很快适应睡前程序，并最终心甘情愿地上床睡觉（至少大部分时候）。

学以致用　设计睡前程序

全家一起想，设计出一系列爱意浓浓并饱含乐趣的睡前活动！在下面表格中记下我们正在做的活动以及准备做的活动，然后在实践中评估并不断改进，直到找到最有效的睡前程序。当然，如果我们黔驴技穷，也不妨问问孩子的想法，让孩子参与设计和选择。

睡前程序范例	你的程序	结果评估	如何改进
洗澡时光： 音乐和玩具			
刷刷牙齿			
故事一刻			
关上灯儿			
抓抓背后			
深情拥抱			
“我爱你”			

第十八招
只是，爱要怎么说出口

“我一点都不紧张，
因为无论今天结果如何，
明天仍有三件事不会改变：
我的父母依然会很爱我……”

所有的心脏医生都同意：生命的诞生源于心跳，心脏是人体最重要的器官之一。没有心脏，生命将不复存在。当然，他们所说的是物理的器官，包括血管、心室等其他维系我们生命的部件。而当我说到“心”的时候，我指的是看不见摸不着但对生命同样重要的特质：勇气、坚持和爱。因为有了他们，我们的生命才变得精彩无比。

匹兹堡海盗队的著名投手Tim Wakefield曾经在一次季后赛上被问到是否紧张时，他的回答令人难忘：

“我一点不紧张，因为今晚无论结果如何，明天仍有三件事不会变化：我的父母依然会很爱我、我的朋友依然会很爱我，我的上帝依然会很爱我。”

被爱是幸福的，它让我们身心快乐，给予我们自信以及面对困境时的勇气。

在现实生活中，不少父母觉得把爱说出口是件很难的事，他们宁愿用行动来表达：一个拥抱、一顿大餐或者一件昂贵的礼物。如果你是他们中的一员，别再吝啬你的爱字，勇敢去突破吧！非语言交流很好，但孩子们更渴望每天听到“我爱你”（礼拜天最好说两次，这是为了让下周有个良好的开始）。

还有些父母平常把爱挂在嘴边，而当孩子犯错、调皮和叛逆时则大发雷霆，把“我爱你”完全抛之脑后。对这些父母，我还是要说：“突破自我吧！”父母对孩子的爱应该是没有任何条件的，孩子的表现和你对他们的爱不应该有因果关系。实际上，我们越表达对孩子的爱，冲突就会越早解决。

如果你还需要一点帮助，我推荐你观赏一部名叫“四月碎片”（Pieces in April）的家庭教育电影。

学以致用　创意表达“我爱你”

很多父母做得已经很好，“我爱你”成了他们生活的一部分。不管是在孩子上学前，还是在孩子睡觉时，一声“我爱你”温暖了孩子的心。而通常，作为回馈，孩子也会作出同样的回应。

但你想过吗？在做好“父母”这个本职工作的同时，你还可以更浪漫一些、更创意一些，这定会让你的家庭焕发光彩、与众不同。

在此，我们抛砖引玉，给父母们举两个例子：

- ❖写一首小诗，放在孩子不期而遇而又不会错过的地方，比如iPad上，“玫瑰是红的，指尖是青的，不要玩得太久，我爱你”。
- ❖从孩子身后悄悄蒙上他的眼睛，“猜猜我是谁”，“爸爸”，“我爱你”。

现在，轮到你们了，在以下空格处写下你对爱的表达方式，并记录孩子的反馈。

爱的表达	孩子的反馈

第十九招
开一次家庭会议

家庭会议不失为解决问题的一个好方法。
更重要的是,让孩子从小学会了
一个在民主社会中终身受益的技能。

用这个作为本周话题有两个原因:第一,家庭例会是很好的家风;第二,抽烟是很坏的习惯。我有意把家庭会议和禁烟联系在一起,如果你有抽烟的习惯,等你下次犯烟瘾的时候,为什么不先开个家庭会议?

这只是一个玩笑,我知道戒烟很难,这就是为什么我们要加倍努力不让我们的孩子开始抽烟。

开家庭会议的关键在于不要让会议变成一场说教。家庭会议应该是家庭成员开放讨论的地方,父母要提出能引发讨论的问题,并运用积极沟通方法去倾听孩子的回答。

当然,一个高效的会议一定要有结论和行动计划。因此,在会议结束前,要确定具体的行动计划、时间以及责任人。

学以致用 举办一个家庭会议

为了帮助你组织好此次家庭会议，请填写下面的表格，写上你准备要说的话。当然，你也可以一边开会一边即兴发挥，但准备一下总不是坏事。

范 例	你准备要说的话
开始： 我们开这次家庭会议是要讨论一个异常重要的话题，一个将来可能挽救你生命的话题：抽烟。	
提问： 你为什么觉得抽烟不好呢？ 你看到青少年抽烟会怎么想？	
观点： 抽烟降低生活质量（咳嗽、咳嗽）。 抽烟让你看上去、闻上去都糟糕透顶。 青少年抽烟是违法行为。 我们爱你在乎你，希望你能健康成长。	

第二十招
对症下药

温故而知新，掌握孩子行为的背后动机，
父母才可以对症下药、治标治本。

在第二招，我们曾经介绍了“孩子行为背后的动机”。因为这个理论的重要性，我们再次给父母们梳理一下。

孩子的所有行为都因目标而起，孩子不会去做没有目的和回报的事。如果我们的孩子不断重复某个不当行为，那么他一定是能从这个行为获得某些好处和回报。猜猜通常是谁给孩子好处和回报？一定就是你——孩子的父母。

20世纪最著名的儿童心理学家鲁道夫·德瑞克斯认为，孩子的所有行为都基于某个特定的目的，孩子出现不当行为，主要是为了追求某种回报。

基于这个理论，如果我们能够弄清楚孩子行为背后的动机，我们就可以对症下药，而不需要拿好处来换和平，因为好处往往治标不治本。

通常来说，孩子的行为有两个主要动机（寻求归属感和重要性）和三个次要动机（寻求自我保护、逃避和冒险），他们为达目的而采取的行为可以是正面的，也可以是负面的。作为父母，我们应该避免孩子因负面行为而得到回报，并且通过积极的育儿方式把孩子引导到正面行为的轨道中。

动 机	负面行为	得到的回报	如何对症下药
寻求归属感	通过不当行为寻求父母注意	父母的唠叨、提醒、说教等	少说多做，使用“逻辑后果”（见第24招）
寻求重要性	叛逆、抗拒、权力斗争	父母的针锋相对或屈服妥协	偃旗息鼓，双方冷静后再交谈，运用FLAC方法（见第25招）
寻求自我保护	报复父母	父母以毒攻毒，加重对孩子的惩罚	避免以牙还牙，找出孩子伤心的根源，用FLAC方法（见第25招）
寻求逃避	逃避父母	父母放弃孩子	继续鼓励孩子，寻求专家帮助
寻求冒险（通常十岁以上儿童）	不停冒险	父母视而不见或严厉惩罚	借助积极管教方法，让孩子转向正面的冒险

学以致用 辨别我们的不当回应

本次活动，开始练习识别孩子行为背后的动机，从而避免自己的不当回应。现在你还不需要考虑应该怎么去做来解决问题，因为在不久的将来，我们会提供管教孩子的方法体系。你现在唯一要做的是用下面的表格帮助自己明确孩子行为背后的动机和他们的负面表现。

如果你感到……	并且孩子会……	那么，孩子的动机则是……	你是如何给予了孩子回报？
发火	停止不当行为，但很快又故技重演	借助不当行为寻求归属感	
生气	抗拒或屈服（然后继续抗拒）	借助抗拒权威来寻求重要性	
伤心	更加变本加厉伤害你	通过报复来寻求自我保护	
感到无可救药	消极被动，拒绝尝试，放弃自己，满足退缩	寻求逃避	
感到害怕	更加冒险	寻求冒险	

第二十一招
怡吾色、柔吾声，对孩子礼貌提出要求

父母言语欺凌孩子的方式千奇百怪：

贴标签、拿孩子开玩笑、在他人面前谈论孩子……

一点一点地，

我们正在毁灭孩子追寻自我价值的尝试。

家庭应该是一个民主平等的组织，不光体现在夫妻之间，也体现在亲子之间。

其实，早在两百多年前，中国最有名的启蒙书籍《弟子规》在大力提倡孝道的同时，也积极鼓励儿女对父母的过错提出不同的意见：亲有过，谏使更。但《弟子规》同时也提倡，在儿女给父母提出要求的时候要怡吾色、柔吾声，既提出意见，又不失礼貌。

同样，我们作为父母对孩子提出要求，也同样需要付出礼貌。

在接下来的几章里，我们将要训练纠正孩子错误行为的管教技巧。

但首先回想一下，你是否曾经被很粗鲁或者冒犯的语气要求去做些事情？尽管你有可能不介意去做这件事，但是你一定介意这种提出要求的方式，以至于你要么公开拒绝，要么以失败来破坏自己的努力从而达到不取悦对方的目的。

事实是，我们经常用不礼貌的方式对孩子说话，使得在事情尚未进行之前就点燃了权力斗争。民主社会的生活意味着每个人都有权利被平等对待和尊重，孩子亦不例外。

很多时候，父母并非有意为之，但我们一些不经意的细微行为却已经造成了对孩子事实的欺凌和打击。而一旦我们习惯成自然，对孩子打击多了，孩子就会倍感沮丧并开始实施不当行为，以追求关注度和重要性。

据美国权威机构统计，青少年在公立学校里面临的最大问题是欺凌（bullying），欺凌导致了孩子的沮丧、自卑以及反弹和暴力倾向。很多时候，迫于同伴压力和欺凌，很多孩子开始物质滥用，如酗酒和吸毒，或者寻求逃避，如沉迷于网游世界。

我们常常担心孩子在学校里受到同学和他人的言语侮辱和行为欺凌，不幸的是，我们很多父母却在孩子最需要安全感的家里对孩子悄无声息地进行欺凌。而家庭欺凌的直接结果之一就是孩子的极度沮丧以及不当行为的增多。

还记得当代儿童心理学的开山鼻祖阿德勒那句话吗？“一个有不当行为的孩子一定是一个倍感受挫的孩子”。这些孩子由于得不到家长应有的关注和肯定而开始借助不当行为来获得父母的尊重。换句话来说，我们父母很多时候正是孩子不当行为的始作俑者。

父母欺凌孩子的方式千奇百怪：

- ❖ 大声训斥或责备
- ❖ 侮辱性语言
- ❖ 拿孩子开玩笑
- ❖ 讽刺性语言
- ❖ 和其他孩子对比

❖ 过分保护

❖ 包办孩子力所能及的事情

❖ 给孩子随意“贴标签”：害羞、内向、胆小、调皮等

❖ 期待孩子十全十美

❖ 毫不隐讳地在其他成人面前谈论孩子，即便孩子在场

❖ ……

在研究了成千上万个有不当行为的案例后，美国儿童心理学家鲁道夫·德瑞克斯曾经一声叹息地说过：“一点一点地，我们父母毁灭了孩子追寻自我价值的尝试。”

现在让我们倒带回到第八招，当那个妈妈对全神贯注读书的孩子问了一个问题而未得到回答时，她严厉地训斥孩子。如果你意识到该母亲不礼貌的行为带来的烦恼，记住下一个场景：桌子被推翻，儿子站在上面大喊大叫：“妈妈，你这样忽视我是非常不尊重我的。我到底要问你多少遍你才能听见？当我和你说话时，我期待你认认真真听！你明白吗，中年妇女！”

毫无疑问，如果我们允许孩子像我们对他们那样来对我们说话，我们就真的有麻烦了。不过，那是后面一章的主题。现在，让我们努力改变自己，将心比心，用我们希望孩子和我们谈话的方式来和孩子谈话。

学以致用　三个礼貌要求

现在，与其念念不忘你曾经粗鲁对待孩子或被孩子粗鲁对待的场景，我希望你能够身体力行，开始有礼貌地（不只是口蜜腹剑般的礼貌，而是坚定、明确、充满尊重的礼貌）要求孩子改变行为。例如：

斯蒂夫，你能在吃完点心之后做点事，把你的脏盘子放进洗碗机里吗？

杰西，请你在吃早饭前务必关掉洗手间里的灯，这样可以帮助我们省电。

儿子，我没有用那种方式对你说话，我也不希望你那样对我说话。你能理解我吗？

请利用下面的图表来记录你的小小成功。虽然这并不意味着孩子会立刻改变其不当的行为习惯，但是至少你在通往成功的道路上迈出了第一步。

在下面几招里，我们将要讨论其他的管教技巧，如果孩子的不当行为继续，你可以使用它们。

你希望孩子改变的不当行为	你的礼貌要求	孩子的反应

第二十二招
尝试用“我”造句，纠正不当行为

孩子可能不会在意你的言语，
但会介意你的感受。
当礼貌要求不能奏效时，
父母还有什么锦囊妙计呢?

如果礼貌要求对孩子不起作用时，你可以尝试用“我”来造句。

没有礼貌的要求万万不能，但礼貌的要求也不是万能的，有时可能对改变孩子的某种不当行为丝毫没有效果。原因是多样的，有可能是因为孩子在过去从不当行为中得到了某种丰厚的回报，因而想继续尝试而获利；也有可能是因为孩子的不当行为已经日久天长演变成了一种习惯，而坏习惯通常难以打破(这是坏消息，不过好的习惯也难以打破，这是好消息)。

在这种情况下，父母常常需要更坚定的管教工具。不过等一等，我没有要求你一夜之间突然实施，因为这会培养孩子的恐惧，而不是他们的品性，这就是我们常说的矫枉过正(训诫太过头)。

不积跬步，无以至千里。实施任何管教的关键在于把握节奏、步步为营。最佳做法永远是用温和且小量增加的方式进行，直到你得到你想要的结果。

用“我”造句是一种用于改变孩子不当行为的有效沟通工具，它简单、实用并坚定。此外，“我句式”与我们惯用的“你句式”形成了鲜明的对比。作为父母，我们习惯于用“你”造句，对孩子横加指责，结果却常常适得其反。

看看以下例子：

“看看你，又搞砸了……”

“你这样做对妈妈太过分了……”

“给你说了多少遍……”

相反，用“我”造句给孩子传递的不是尖利刻薄的指责，而是你作为父母的真诚感受，而孩子通常对感受更容易接受和产生同理心。

用“我”造句，传我感受。这个工具是由四个部分构成，我们用以下的例子来更好地说明如何使用“我句式”。

近日，你注意到孩子东东对你说话越来越没有礼貌，你在多次使用了“礼貌要求”之后仍没有奏效。找一个合适的时间，你来到孩子身边：

东东，

我很介意你在和我说话时用那样挖苦刻薄的语气。

这让我感到很伤心。

因为这是对人不尊重的，妈妈从来不会那样对你说话。

我希望你以后能用尊敬的态度对我说话。

简单易行吧！没有指责、没有批判，润物细无声般地传递感受却不失语气背后的坚定。

现在就记住这个句式并开始使用吧：

我很介意……

我感到……

因为……

我希望……

当然，用“我”造句也不是万能工具，不会解决所有问题，不过经常有意识地去使用它，一定给你带来意想不到的惊喜。

学以致用　开始造句

熟能生巧，知行合一，我们本周就开始造句吧！想想孩子身上的某个不当行为（其实同样适用于配偶、同事和朋友），找个孩子心情舒畅的时间，在放松的环境下和孩子用“我”造句。

作为新手，我还是建议你能先构思一下，在以下空白处写下提纲。用久了，你就会运用自如、得心应手。当然，还是那句老话，用我造句并非万能，继续读下去，我们还有更坚定有力的管教工具。

我很介意……

我感到……

因为……

我希望……

第二十三招
更进一步,“KISS”孩子

孩子还是对你的积极管教置若罔闻,
依旧我行我素,
你的小火山即将爆发,一场战争在所难免。
嗨!等一等,深吸三口气,
使用杀手锏的时刻到了!

如果你尝试了“礼貌要求”,也尝试了“用我造句”,仍然没有明显的效果,孩子依旧是不折不挠地继续他的不当行为。别急,我的锦囊里还有一计:坚定提醒、KISS孩子。

“我已经气不打一处来,你让我这时候亲吻孩子,你在开玩笑吧?”一次上课时,一个妈妈曾经这样质问我。

KISS是一种重要的沟通法则,代表着Keep It Short and Simple,也就是我们中国人常说的一语中的、一招制敌。

当孩子对你的“礼貌要求”和“用我造句”都置若罔闻时,你就需要升级使用“坚定提醒”了。这是一种语气强烈的交流方式,听起来有一点点发号施令的味道。但是,哎…… 孩子一直对我们的合理要求不理不睬、变本加厉,而我们自己也马上要失去自控大喊大叫了,我们能做什么呢？从心理学角度来说,这也正是孩子借助不当行为所期待的获利和回报(“看我有多么强大和重要,我只要不理他,就能让他大发雷霆!”)。

等一下,千万别中了孩子的陷阱！作为父母,这时候我们要深呼一口气,调整好自己的情绪,千万不要让火山爆发,因为你一旦爆发,正好中了那个小小心理学家的招。

“坚定提醒”的关键就是要简短、坚定和迅速,忽略所有的语法和句式,也不需要铺垫和解释(因为你在“礼貌要求”和“用我造句”中已经做了足够的解释)。迅速的目的是以迅雷不及掩耳之势,做到出其不意、直中要害,从而不给孩子留下太多应对时间。举例如下:

问题:你的孩子开始向你大喊大叫。

坚定的提醒:“优优,请降低你的嗓音,现在。”

问题:你的孩子不理睬你要他整理床铺的要求,还在玩游戏。

坚定的提醒:“关掉电视。请现在铺床,就现在”。

问题:你的孩子原定要洗澡的,但是却继续在玩游戏。

坚定的提醒:“方方,现在请洗澡。”

KISS孩子

在使用“礼貌要求”和“用我造句”都无法奏效时,借助“KISS孩子”,既可以避免进入孩子的“激将法”陷阱,又可以达到一语中的效果。

使用“KISS”工具时,父母要注意避免情绪化啰嗦。有些父母在情绪化之后开始唠唠叨叨，责怪孩子没有头脑，责怪孩子自私，责怪孩子不考虑他人等。尽管父母的本意是好的，但这些唠叨对孩子而言一定会左耳进右耳出，丝毫没有效果。更有甚者，长此以往，孩子会对父母的教诲产生“听觉麻痹症”以及“叛逆基因”，这种症状有时甚至会伴随他们日后的大半生。

本次活动中，请寻找机会练习亲吻KISS法则，然后填入下面图表的空白处。

孩子不当行为	是否尝试了“礼貌要求”和“用我造句”	坚定提醒	孩子反应

我相信，孩子对你的“坚定提醒”一定会作出不同程度的反应。当然，孩子是健忘的，如果下一次他们继续“忘记”，你就得继续坚定提醒他们，或者采取更加坚定的管教方式。

别着急，慢慢改变。

第二十四招
后果与惩罚，哪一个重要

阿丹顿时蔫了下来，
一边开始卖力地涂擦墙壁，
一边无可奈何地自言自语道：
“小子，看来涂起来容易，擦起来难啊！”
让孩子自食其果是教会孩子责任的最佳方式。

人生如梦，恍惚半生，很多人和物都如同过眼烟云，随风飘去。然而，有些幼时的事情给你留下的印象之深，你却一辈子想忘都忘不了。

美国著名诗人惠特曼在《有一个孩子向前走去》里写道：

有一个孩子每天拾步前行
她最初看见的东西
她就变成了那东西
那东西就变成了她的一部分

中国古人讲的“教人婴孩”就是这个道理，研究表明，孩子品格形成的最佳时期是八岁前。

好的，扯远了。我久久不能忘怀的一部儿时卡通片叫《淘气阿丹》，它是由已故伟大的动画作家和儿童心理学家汉克·科川编剧而成，我想给大家分享以下场景。

一个阳光明媚的上午，淘气阿丹画意大发，开始泼墨挥毫，在家里的墙壁上用彩笔涂鸦。这时候，妈妈走了进来。

妈妈："妈妈已经对你说过多少遍，不要在墙壁上涂鸦了？去去去，蹲在墙角好好反思你干的坏事。"

阿丹："噢，妈妈，那太老套了！"

妈妈："好吧，那我应该怎么惩罚你，要不一个星期不看电视吧！"

阿丹："没用的，妈妈，那从来都不奏效。"

妈妈："那我来揍你一顿屁股怎么样？"

阿丹："我已是大孩子了，对打屁股我一点都不在乎！"

妈妈："有了，我刚刚买了一些东西，我这就去拿给你。"

母亲说着离开了房间，一分钟后拿回了一大桶水和一块海绵。

妈妈："现在，请把所有涂鸦都擦掉，而且不要把水溅得到处都是。"

刚才还铿锵其词的阿丹顿时蔫了下来，一边开始卖力地涂擦墙壁，一边无可奈何地自言自语道："小子，看来涂起来容易，擦起来难啊！"

且把影片的幽默成分撇开不说，阿丹的妈妈在不经意间使用了这个被称为一流育儿方法的管教工具：逻辑后果。

那么，逻辑后果和一般惩罚有何不同呢？惩罚是粗暴随意的，而逻辑后果是和行为紧密相连的。一言以蔽之，逻辑后果就是让孩子自食其果。

再次回到这段情节，说到底，在角落里罚站或一周不看电视和孩子的涂鸦行为有何关联呢？但一旦当我们把后果逻辑地与不当行为挂钩，孩子不仅对我们的管教心服口服（因为公平），而且还会学到一个重要的人生哲理：对自己的行为以及后果负责。

学以致用　使用逻辑后果，让孩子“自食其果”

现在开始，让我们从传统的惩罚误区里走出来，开始运用逻辑后果。

虽然看似简单，但逻辑后果的使用需要我们不断演练，熟能生巧。以下是运用“逻辑后果”的四个关键点：

- 给孩子一个选择：“阿丹，要么以后在纸上涂画，要么我就把蜡笔没收一星期。”

  选择性逻辑后果往往比一般逻辑后果更加有效，因为它在达到父母管教孩子目标的同时，还把选择的决定权交到孩子手里，在一定程度上满足了孩子追求“重要性”的动机（如果你忘了，可以重温一下第二招：不当行为背后的动机）。
- 语调平和却坚定（切忌发火或者大吵）。
- 确认你愿意并且有能力实行逻辑后果。
- 言行一致。你的孩子可能已经习惯于从他的不当行为中获得回报。因此，要期待孩子会来观察你是否真的说话算数。这就意味着，有的逻辑后果可能要重复使用才能最终奏效，改掉孩子的某些不当行为和习惯。

不当行为	选择性逻辑后果	孩子反应	下次如何改进

第二十五招
积极管教之利器：
神奇的FLAC

表达感受、告知界限、给出选择、承担后果，
FLAC利器集众智于大成，
充分给予孩子界限内的自由。

庄子曰：国之利器，不可以示人。但今天，我将和你们分享对孩子的终极管教工具：FLAC。

你此时可能会想："哦，你终于给了我们一点干货，从此以后，就能让孩子对我言听计从了。"如果你这么想，你的失望会很大。

父母教育的本质是塑造孩子的品格，而不是培养盲目的顺从。如果你赞同这个观点，你就会很快看到FLAC方法的闪光之处。

在过去的几招里，我们已经学习并演练了FLAC方法的每一个部分，现在该由点及面把他们串到一起了。

F...eelings(感受)：在第十五招"回应感受，而非内容"里，我曾经提到：孩子不在乎你知道多少，更在乎你在乎他们多少。认可并接受孩子的感受和情绪可以帮助我们避免与孩子的权力冲突。

L...imits（界限）：提醒孩子任何事情都有界限。“因为我说了”之类的话是向孩子发出冲突的邀请，父母可以尝试着说“因为这是情况所必需的”，这意味着它与健康、安全或者家庭的价值观息息相关。

A...lternative（选择）：大人尚且不喜欢被拒绝，何况孩子？虽然父母的责任之一是定义并监控界限，我们常常可以用选择来取代拒绝。当然，这种选择应该是父母和孩子双方都可以接受的。回顾一下，我们在第五招曾经学过“选择的魔力”，开始使用吧！

C...onsequences（后果）：大多数情况下，FLAC的前三步往往足以助你赢得孩子的合作并避免权力冲突。然而，如果孩子继续其不当行为，“逻辑后果”就要派上用场了。

请记住，我们的目的既不是争斗，也不是让步。父母和孩子不是天敌，而是共赢的同盟者，我们需要与孩子一起寻求双方都可以接受的问题解决方法。

学以致用　掌握FLAC

我们学习任何新的方法和技能，都需要经历从“刻意”状态到“自然”状态的蜕变。刚开始使用起来，你会感到生搬硬套、生硬无比，这便是“刻意”态；但一旦用得多了，你就会感到轻车熟路，用起来胜似闲庭信步，这便是“自然”态。

本周中，请寻找两个机会对你的孩子使用FLAC方法，然后记录下整个过程并进行自我评估。

F...eelings（感受）：认可并接受孩子的感受和情绪。

“我听到了，你很想晚睡觉以看完这个电视剧……”

L...imits(界限):提醒孩子任何事情都有界限。

“但你需要有足够的睡眠,明天上课才不发困……”

A...lternative(选择):提供选择来取代拒绝。

“你看这样怎么样,我帮你录下来,你明天放学可以继续看……”

C...onsequences(后果):如果需要(仅限需要时),使用“逻辑后果”。

“我知道你很喜欢这个电视剧,很想晚睡觉来看完它,但妈妈不想让你明天上课时疲惫不堪。现在,你可以选择上床睡觉,我会帮你录下来明天继续看,或者跟我继续喋喋不休僵持下去,你看呢?”

孩子的反应如何?有什么地方下次可以做得更好?

第二十六招
活用"我"造句，鼓励好习惯

用"我"造句不仅可以纠正孩子的不当行为，
还可以激发孩子未来的良好习惯。

个体心理学的创始人阿尔弗雷德·阿德勒认为，一个做出不当行为的孩子同时也是一个倍感受挫的孩子。

在过去的章节里，我们一直聚焦于如何矫正孩子的负面和不当行为。到现在为止，我希望你已经看到了孩子的行为中发生的积极改变。如果你还没看到，你可能会变得气馁、沮丧，并陷入"我放弃了这个臭家伙"的绝望之中。

这将我们引入"受挫"这个主题。不管一个人年龄多大，强烈的受挫感会导致他的行为变得少有成效，甚至完全负面的，更严重些，还会导致彻底的自暴自弃。

在家庭中，父母常令孩子受挫的行为是对孩子的善举和进步视而不见、完全忽略。就像白纸上的一个墨点，我们常常关注的是那个微不足道的墨点，而非周围大片的干净空间。因为善举和进步不被注意，孩子开始有一种受挫感，以至于后来产生了一种无所谓的犬儒主义态度："何苦呢！反正我好的时候他们也从没关注过"。

高效应用鼓励的关键是培养我们敏锐的观察力，能够及时赏识孩子的善行和进步。在第十招，我们谈到了"观其善举"；在第二十二招，我们谈到了"用我造句"（当时的场景是针对不当行为）。在本招，我们将把"观其善举"和"用我造句"搭配使用，关注孩子的良好行为和点滴进步。同样，分为四个部分：

1. 我很……你欣赏孩子什么。

2. 我感到……你的感受。

3. 因为……告诉孩子为什么。

4. 我希望（你看如何）……对孩子进一步激励。这一步要注意，激励的内容一定要合乎逻辑，而非随意奖励。

学以致用　观其善举，用"我"造句

鉴于运用"我句式"激励孩子要比简单的鼓励用语要复杂一些，我建议父母在驾轻就熟之前可以先写出提纲。

请记住，一定要以事实为依据，针对孩子的具体善举或点滴进步有的放矢，避免泛泛而谈、空洞表扬。请参照以下案例：

妈妈很欣赏你每次用完洗手间就随手关灯。

我感到非常开心，

因为你从小就关注绿色环保，并且传承我们家一贯节俭的家风。

你看这样如何？我们用节省下来的钱去租一部我们全家可以一起看的电影。

1. 我很……

____

____

2. 我感到……

____

____

3. 因为……

____

____

4. 我希望（你看如何）……

____

____

孩子的反应：

____

____

第二十七招
每当脾气来临的时候，说出神奇的5个字

做自己脾气的主人，
别让那个小小的心理学家控制了你的情绪，
因为这会给予他巨大的满足感，
并且鼓励他会继续通过不当行为来激怒你。

唯父母之品，塑孩童之美。孩子教育的本质之一是父母的自我修行。

本章节，我将针对你们，没错，就是父母们。

人非草木，孰能无情！发火，也称发脾气，是一种奇妙的情感。它告诉我们某件事进行得不顺利，我们需要做点什么来改变它。麻烦在于，在脾气最初发作时，我们大多数人却忽视了它，而是听之任之，直到它像熊熊火山一样山崩地裂。

现在，让我们闭上眼睛，把自己想象成一个底部装有红色液体的玻璃温度计，而红色液体所在处就是你的胃部。

发火的最初信号就是在你的胃部，一股暗流开始涌动，红色的液体冒起气泡。然而，对此你全然无视，任凭红色液体在滚动沸腾，越演

越烈，直到它最终顺着管道向上并带着敌意和厌恶从口中喷涌而出。恭喜你，你又发火了！

发火是一种最原始的恃强凌弱的手段，它帮助你释放能量并且胁迫他人（此指你那弱小的孩子）做你想要他们做的事情。因为震慑，发火在短时间里会迅速达到你的目的，但不加抑制地使用会导致孩子将来严重的叛逆与报复行为。

对孩子而言，貌似你以武力制服了他，其实输的是你。没错，就是作为父母的你。逻辑很简单，孩子很轻易地就控制了你的情绪，这给了他们巨大的获利和满足感（还记得吗？在第二招里，我们讲述了孩子不当行为的核心动机之一是获取重要性。）。而这只会让亲子关系愈演愈烈、进入恶性循环，孩子为了获利会在将来的日子里继续运用不当行为。

学以致用　躲进洗手间

孩子越是盯着你看，你就会越愤怒；你越是愤怒，孩子越是挑衅；孩子越是拒不臣服，你越是怒发冲冠！一切剑拔弩张，只欠最后一把火。

听起来熟悉吗？这就是一场典型的权力斗争。

忍一时风平浪静，退一步海阔天空。僵持之下，化解的唯一方法就是后退一步、离开战场。著名儿童心理学家鲁道夫·德瑞克斯曾提出一个既简单易行又几乎万无一失的小技巧：做个深呼吸，说出以下五个神奇的字“我去洗手间”。说完之后，径直走进洗手间并待在那儿，直到风平浪静。

你也可以在洗手间里存放这本书的一个副本，这样在洗手间的时间里，你就可以重温其中关于管教的章节，设计处理当前问题的科学方法。这样，当你走出洗手间时，你已经胸有成竹。

为什么退避洗手间呢？从功能性来讲，洗手间是一个房子中最私密的地方，能让你充分享受安全感并很快平抚你那处于悬崖边的心情。当然，如果你的孩子年纪很轻，家里又没有其他人在场，为避免孩子出现危险，你可以对孩子说："我想我们两人都需要一点时间来平静下来。不如，你待在房间左边，我待在右边"。

在你尝试过"躲进洗手间"之后，请填写下面的空白处。对了，出来时别忘了洗手哦！

❖ 这场权力斗争是关于什么事情的？

____

____

❖ 你是如何运用"躲进洗手间"的？

____

____

❖ 你的孩子有何反应？

____

____

❖ 下一次你会有何不同的做法？

____

____

第二十八招 幽雅管理脾气，孩子也行的

当孩子下一次大发雷霆时，
喋喋不休说教、关黑屋、以牙还牙、以暴制暴……
嘿，都太老套了吧！

脾气并非大人的专利，小孩也有。小孩发脾气的原因多种多样：在学校受到了委屈，要求没被满足……

心理学界对孩子的脾气有很多的争论，有的主张顺其自然、不加约束；有的主张适度管理、学会缓解。幸运的是，作为父母和家庭教育从业者，我们可以不停游走于理论王国和现实世界的两极中，在理论世界里寻求答案，在实践中探索育儿真谛。经过长期的理论研究和践行，我们积极父母教育提出了一个主张：教会孩子优雅管理自己的脾气。

优雅管理脾气的一个主要手段是使用逻辑后果，请见以下案例。

规则：玩的时候不能打人。

逻辑后果：你或者不打人继续和小朋友一起玩，或者自己一个人玩。

（当然，父母的榜样作用也很重要，夫妻千万不能打架或者打小孩。）

规则：礼貌处理愤怒。

逻辑后果：要么有礼貌地说出你想要什么，要么什么都不要。（即使你有机会得到）。

规则：摔坏了东西就得赔。

逻辑后果：你有火是吗？要么摔那些摔不坏的东西，比如那个枕头，要么用你自己的零花钱赔？

学以致用　当孩子下一次大发雷霆时……

如果你一直在处理孩子的突然发火，你有可能精疲力竭而需要稍事休息。回过头来重温一遍第九招“家长也需被关爱”，并确认你补足自己的能量杯。

暂停之后，以下这些提示会帮助你更有效地处理孩子的发火。

❖ 与孩子讨论发火的问题，承认发火是自然的情感，但是要有界限。

❖ 与孩子探讨并对表达脾气的可接受方式达成一致。比如，你和孩子可以约定，当脾气实在控制不住时，孩子可以摔枕头。

❖ 当孩子失去控制时，尝试以下方法看有何效果：

——平静地与孩子谈话，让他作几次深呼吸。

——轻轻用你的手臂搂着孩子，并告诉他一切都会过去的。

——问他一个需要思考的问题。发火会使思考的大脑产生短路，如果你能让他开始思考，就会中止其脾气的爆发。有时候，幽默也能达到同样的效果。

——转移孩子的注意力。这一点对5岁以下的孩童特别奏效。当孩子的脾气即将失控时，父母可以灵机一动，迅速转移到孩子感兴趣的一个话题。

请在下面纪录并反思本次尝试的效果。

❖ 孩子的火气因何而起?

❖ 你是如何应对的?

❖ 孩子的回应?

❖ 你喜欢本次尝试的哪个方面? 下次如何可以改进?

第二十九招
教会孩子一个小技巧

父母是孩子的启蒙老师，
教会孩子一个小技能，让孩子终身受益。

教会孩子一个小技巧是培养孩子自尊、勇气以及形成良好亲子关系的最佳方法之一。小技巧种类繁多，可以是一种运动，可以是一个桌面游戏。选择游戏的关键点有两个：

❖ 孩子对学习该技巧有兴趣。

❖ 与其年龄相匹配（不要试图教一个蹒跚学步的娃娃怎么设计引擎，或者教一名青少年如何在线条内涂画）。

同样，父母也可以让孩子教你一个小技巧，或者父母和孩子共同学习一个新技巧。遵循以下这些提示，你会惊奇地发现，你的时间投入定会得到丰厚的正面回报。

❖ 引导：父母通过热情说明该技能带来的好处来激发孩子想要学习该项技能的兴趣。

❖ 时间：选择一个双方都适合的放松时段，如晚饭后或睡觉前。

❖ 分解：将该技能分解成婴儿学步般的步骤，让孩子在每个步骤能体会到成功的喜悦。

❖ 展示：耐心展示每一步给孩子看，切忌边展示边说这是如何容易。因为，如果孩子学不会，这会让孩子产生很强的受挫感。

❖ 动手：让孩子自己尝试，如果需要，父母提供支持和帮助。

❖ 赞扬：赞扬结果，也赞扬过程。

❖ 一起：和孩子共同体验，这不仅强化了技能，也加深了亲子关系。

学以致用　过去与现在

首先，让我们回到孩提时代，回想父母或者祖父母曾经教会你的某个技能。

❖ 你学到了什么？

____

____

❖ 你喜欢那次体验的哪个方面？

____

____

❖ 有什么不喜欢的吗？

____

____

❖ 对自己的孩子，你会做得如何不同？

____

____

现在，花点时间来教你的孩子一种技能，别忘了以上七条提示。做完之后回答以下问题：

❖ 你教了孩子什么？

____

____

❖ 你喜欢本次体验的哪个方面？

____

____

❖ 下一次你会哪方面有所不同？

____

____

第三十招
鼓励有道

鼓励对于孩子来说，
犹如水于植物一样重要。

我必须得承认，我一直在旁敲侧击地说事。如果你想要知道做父母真正的秘密，秘密就在这里：多鼓励你的孩子。

著名儿童心理学家鲁道夫·德瑞克斯曾经说过："鼓励于孩子来说，犹如水于植物一样重要。"

事实上，鼓励对于孩子的重要性在于：没有了它，孩子或者会感到自己什么都不是，或者会求助于不当行为来显示自己的重要性。

在英文中，"En-Courage"（鼓励）的意思是"满满地灌输勇气"。当孩子的内心饱含勇气时，就会通过正当行为追求目标，并愿意冒失败的风险持续地尝试；而当孩子缺少勇气时，孩子则会变得消极沮丧，常常沉迷于负面行为之中，甚至选择自暴自弃。

因为鼓励的重要性，在下面四章里我会阐述鼓励孩子的具体招数。

学以致用　致我们孩子的一封信

即便是在移动互联高度发达的今天，写信的力量仍不可小觑。相反，因为少有，一封措辞真诚的手写亲笔信通称比口头语言的分量要大上百倍。

很久没有写信了吧？现在就行动吧，拿出长久不用的纸和笔来，给孩子写上一封情真意切的信，寄给孩子或者放在孩子能够发现的地方。如果孩子的阅读能力有限，可以打开读给他听。

请注意，这是一封鼓励的信。

❖ 关注孩子的改进，而不是完美

❖ 使用情真意切的语言

❖ 内容要具体，切忌空洞

❖ 包括孩子的正面行为对其他人产生的良好影响

不要指望孩子会立刻对你充满感激，或者在睡觉前会立即停止抱怨。但你的言辞一定会对孩子日后产生鼓励的效果，就像肥料滋养树根一样，让孩子更健康快乐地成长。

第三十一招
让孩子独立

信不信由你，依赖反倒滋生敌意。
在亲子关系中，
父母需要适度放手，
让孩子在界限之内自由翱翔。

伟大的儿童心理学家钱穆·基诺曾经说过："依赖滋生敌意。"

很反常理是吗？我们看看一代枭雄乔治三世，他虽然竭尽全力维系美国殖民地对英联邦的依赖，结果却适得其反，双方还是敌对到只有通过战争来解决问题！再看看，美国国父托马斯·杰佛逊的母亲在一本育儿书中读到"鼓励孩子独立"，并积极运用到对幼年杰佛逊的家教上，结果在她的培养下，当年的懵懂少年成了赫赫有名的《独立宣言》的作者和美国第三任总统。

过分专制和强势的父母通常会培养出叛逆的孩子，而过分宽容和放纵的父母则容易培养出被宠坏了的无自理能力者。在我们当今的社会里，做父母的关键之处在于给予孩子"界限内的自由"。

从现在开始，让孩子逐步独立起来吧！

❖ 避免溺爱，鼓励孩子在年龄以及能力允许的条件下做自己的事，这包括自我护理（刷牙、洗脸以及系鞋带）、做家务活、早晨自己起床等。简而言之，父母应避免包办孩子自己力所能及的事。

❖ 避免过度保护。我们作为父母的任务之一是保护孩子免受卡车碰撞以及被陌生人拐骗等。然而，我们一旦做过头，就会扼杀孩子的独立性。与社区里其他的父母讨论合理的安全是什么，允许孩子有适度的自由，因为我们的任务不是保护孩子免受磕磕碰碰以及与其他孩子的打打闹闹。相反，这样的小逆境会有助于孩子身心的健康成长。

学以致用　把责任还给孩子

有没有一件孩子完全力所能及、而你却在一直包办的事？

现在，是时候把事情还给孩子。

那你怎么对孩子说呢？是这样吗：

“你都这么大了，我再也不会帮你收拾房间了，自己去做。”

还是这样说：

“妈妈一直把你当成了小孩，以为你什么都不会做，这是妈妈的错。其实，你很棒，可以自己做很多的事，甚至可以帮到妈妈。你看，你想挑厨房里的哪件事来做，是刷自己的碗碟还是拖地？”

当然，如果孩子开始帮助做事，父母要多用鼓励，强化习惯。

❖ 你计划把哪件事情还给孩子？

____

____

❖ 你如何向孩子开口？

❖ 顺利吗？

第三十二招 扬长避短：运用BANK方法

正面强化的力量是巨大的，
当父母持续关注并真心赏识孩子的某个优势时，
孩子就会在这方面变得更为强大。

一班心理学学生决定现场对他们的教授做一个试验，而试验的主题就是教授正在讲的“正面强化”。他们企图通过“正面强化”来让教授站在与他平常位置截然相反的讲台另一边。

课堂开始后，每当教授朝着他们想让他站的位置方向走动时，学生们就会通过集中注意力、认真记笔记、积极回答问题来鼓励教授；而每当教授由于惯性又往原来的位置移动时，学生们则通过无精打采、哈欠连天来消极反应。结果不出所料，在课程即将结束时，教授已经稳稳地站在了讲台的另一边。

鼓励的力量是巨大的，当我们关注并且赏识孩子的某个优点时，孩子就会在这方面更加优秀；反之，如果我们总是忽略它，优点则会慢慢消失。

父母可以借助BANK工具来强化孩子的优点，扬孩子所长。

B……Baby steps：婴儿学步，把技能或品质分解成几个小步骤。

A……Acknowledge：承认孩子已经做得很好。

N……Nudge：推动孩子继续往前走。改变是有挑战性的，有时候甚至会让人惊慌失措。所以，父母不要推得太快，也不要推得太猛，前进往往是由进两步退一步构成的。

K……Keep encouraging：继续鼓励，你的鼓励会让孩子保持高度的积极性，直到达到最终的目标。

学以致用　使用BANK

想一个你打算帮助孩子进一步提升的技能和品格，借助BANK工具来达成目标。

❖ 你想正面强化孩子的哪一个技能或品格？

____

____

❖ 可以分解成哪些婴儿步？

1. ____

2. ____

3. ____

4. ____

❖ 你会承认孩子在哪方面已经做得不错？

____

____

❖ 如何推动孩子继续前行?

❖ 有哪些可以继续鼓励孩子的方式?

第三十三招 秀出自信

你是在养育什么：
一只鹰还是一直鸡?
给孩子的心灵注满信心，
让孩子飞得更好。

在寒冷的冬天，一只老鹰妈妈在往南方展翅飞翔，一场猛烈的暴风雪迫使她在邻近一个农庄的鸡舍里寻找庇护所。在等待天气转晴时，她在鸡舍里下了一个蛋。

当然，因为最终还要赶路，她只得把蛋留在了农场里，而继续飞往南方的海滩与朋友会面。而那个蛋就这么躺着躺着，最终被一只鸡孵出了一只雏鹰。

因为生活在鸡群里，雏鹰自然而然地被当成鸡来养大：扒土寻找昆虫当饭吃，见了大的动物则乖乖逃避，偶尔也飞上几英尺高等。

有一天，这只小鹰与一只鸡在外面农庄的院子里懒洋洋地晒着太阳，碰巧一只美丽的鸟儿飞过它们的头顶。

“那是什么？”鹰问道。

“哦,那是一只鹰,”鸡回答说,“他是天空之王,而我们只不过是地面上卑微的鸡。”

就这样,那只始终认为自己是只鸡的鹰走回了鸡舍,并一直作为一只鸡度过了它的余生。

我对你的问题是:你是在养育什么,一只鹰还是一只鸡?

对了,我是在开玩笑,因为老鹰根本就不迁徙。不过,我相信你是听懂了故事的含义。

学以致用　帮助孩子飞的更高

信心对于孩子至关重要,不仅会改进他们的行为,还会增强他们的自尊和勇气。

- 赋予孩子责任。经常告诉孩子“我认为你可以做到”,无论是照看一只宠物,还是早晨自己起床。当然,你的期望值要和孩子的年龄及能力匹配。
- 征求孩子意见。当你向孩子寻求意见或建议时,孩子会真切感受到自己的重要性以及你对他的信心。
- 避免插手包办。有时看到孩子在很吃力地做某件事,父母很容易直接插手,帮孩子做了。这实际上对孩子的信心培养是百害而无一利的。相反,父母应该鼓励孩子,打造孩子信心,让他们自行完成。

本次活动中,寻找机会表达你对孩子的信心,然后记录下沟通的细节。

你如何给予孩子信心?	孩子的反应	下次如何做得不同?

第三十四招
接受孩子本色

接受不完美的孩子，
给予孩子无条件的爱。

草木有本心，何求美人折。

我们常说，人非草木，孰能无情。唐朝著名诗人张九龄认为，草木也是有天性和本色的，并不需要借助于美人的采撷来博求功名。

孩子也是同样，每个孩子都是独一无二的，有着自己的“本心”。作为父母，我们没必要把自己对功名利禄的追求和成功失败的看法强压在这些可爱的孩子身上。

想起了多年前那部风靡全球的电影《阿甘正传》里的一段对话。在入学智商测试后，校长说：“阿甘与别的孩子不同，他的智商仅有75分。”阿甘妈妈立刻回复道：“我们每个人都与众不同。”

阿甘的妈妈没有揠苗助长，给予阿甘的只是默默地接受、无声的鼓励和顺其自然的引导、因为在她心中：儿子只是与众不同，我应该接受其本色。

阿甘的妈妈做到了，阿甘也从一个智障儿童成长为一个阳光、善良、专注而又不惧挑战的橄榄球明星、战地英雄和企业家，活出了平凡但又出彩的人生。

作为父母，接受自己的孩子，做孩子无声的灯，引导孩子前行；放飞孩子心中的“小马驹”，激发孩子追逐自己的梦想。他们的生命可能不会光彩夺目，但一定会是健康和快乐的。

葆金博士出版的第一本书是对完美主义的讽刺，书名是《哟，你怎么还不完美》。在这本书里，他对我们文化中妄图最终变得足够好而追求“多多益善”以及“好上加好”的成分进行了挖苦。

我们常常将“当……时，我就会变得足够好”挂在嘴边，这种感觉对成人来说是坏处多多，但更坏的是我们也将它传给了我们的孩子。

不断提高对孩子的期望，永远不满足孩子的成就，我们正在一步一步地破坏孩子的自尊与自信。

的确，不少背负父母沉重期望包袱的孩子暂时成功了，他们有可能考上了名牌大学，他们有可能才艺出众……然而，他们为此付出了可怕的代价。很多时候，孩子光鲜成就的背后，危机正暗流涌动。而且，由于担心下一个挑战，他们从没真正享受到过本属他们的胜利，也从来没有真正体会过自我的满足。

另一方面，那些被父母无条件所爱的孩子则在自尊方面胜出一筹。他们懂得，无论是赢、输还是不输不赢，他们都有人爱，他们都活得很值。他们仍然在努力成功，但成功不是他们判定自己生活的唯一标准。他们深知，除了成功，快乐还来自很多其他因素，包括他们的人际关系。

作为父母，我们首先应该接纳孩子本来的样子，给予充分信任、鼓励和欣赏，尽量多地去了解他、理解他和倾听他内心的想法，而不要按照家长的标准去塑造孩子，尤其不能以成绩的好坏来评价孩子的优劣。

举个例子，假如你的孩子天生就是内向型性格，那么她一定会形成适合自己发展的优秀特质，比如沉稳、专注、冷静和强大的自我激励能力等。

如果父母盲目地认为“内向性格会吃亏”，“外向”一定比“内向”好，从而不断地去改变孩子甚至责骂孩子。你认为这样是在教育孩子，但实际你是在揠苗助长、强扭小瓜，你不仅干扰和破坏了孩子自然的成长，甚至会摧毁孩子的自尊和自信，给孩子留下终生的心灵伤痛。

从今天起，接受自己孩子的本色，给予他们无条件的爱，因为每个孩子都与众不同。

学以致用　无条件地爱孩子

生活在这个“以成败论英雄”的社会里，我们有时候会过度关注孩子的成就，而忘记尊重孩子的本色。

每个孩子都是独一无二的，我们需要无条件地接受并爱我们的孩子。而这种爱是绝不能与其他因素挂钩的，包括成绩、容貌、性格等。

本次活动中，我们将一起练习做这件事的三个方法：

- ❖ 剥离成就与个人价值：让孩子知道，你是爱他们本身，而非爱他们的成就，这就是我们常说的“无条件的爱”。强调学习过程中的乐趣，而不只是最终的成绩；强调游戏过程的愉悦，而不是最后的输赢。
- ❖ 剥离不当行为与个人价值：世界上从来没有不好的孩子，只有不当的行为。永远不要给孩子起绰号或贴标签，即使是正面的绰号和标签(因为她可以想象得出,如果她未能达到正面的标准,那么你就会相信她变成负面的了)。

❖ 欣赏孩子的独特个性:每个孩子都有值得被爱的独特品质,或许是一个微笑、或许是他看到你时的那股高兴劲,或者是他强烈的好奇心,或者是他那一百万个特质中的任何一个。

那么,你是如何

❖ 剥离成就与个人价值的呢?

____

____

❖ 剥离不当行为与个人价值的呢?

____

____

❖ 欣赏孩子的独特个性的呢?

____

____

第三十五招
充当孩子的"过滤器"

"你不是比尔，我也不是比尔他妈。
现在我们一起讨论：
在我们家里应该怎么做。"

你难道不喜欢一个好的过滤器吗？你可能平常没有对它想得太多，但过滤器是用来完成一项奇妙的工作：将污垢或者其他有害东西阻挡在系统之外。因为一旦坏的东西进入那里，它会循环往复、污染甚至将整个系统弄得不堪入目。

孩子也是一个由思想、价值、态度、感情和行为组成的系统，我们作为父母的一项重要任务就是尽可能地将有毒东西过滤在外边。当然我也知道，在如今信息高度发达的社会里，这基本上是一项不可完成的任务。但我们并不追求完美，只要尽力了，我们就无怨无悔。

我们所能做的就是减少那些到达你孩子的污垢以及其他污染价值观的东西。然后借助其他育儿技巧，帮助你的孩子变得足够强壮来自己阻止那些有毒的东西。

下面的一些提示会帮助你成为孩子生命中的正面过滤器：

- ❖ 监控孩子的收视习惯：利用电影电视评级、计算机筛查程序以及你自己的价值体系来决定孩子可以看的东西。
- ❖ 关注孩子听的音乐：不要担心音符，因为代沟，总会有一些父母感到不舒服的曲调，重点关注的是包含色情和暴力的歌词。
- ❖ 你无法为孩子挑选朋友，但你可以影响他们的选择。
- ❖ 将正面的影响过滤进来：孩子接触的健康信息和正面价值观是越多越好。青年群体、心灵教育、体育运动、积极的成人以及家庭成员和朋友，都会源源不断地向孩子输送好的影响。

学以致用　媒体认知周

你可能会因此恨我，但我还是希望你这周花2—3个小时来看孩子所看、听孩子所听。在这个过程中，不要评价或者批评孩子，这样做只是为了提高你自己的媒体认知度。

做完之后，与孩子平等讨论你的观点并对该看什么以及不该看什么达成一致意见。千万不要成为那个古老格言“比尔都可以观看”的牺牲品。如果孩子这样说了，你的答案将是：“你不是比尔，我也不是比尔的妈妈。现在我们一起讨论：在我们家里应该怎么做。”

	电视	电影	网络	音乐
所看、所听节目				
在你的价值体系里，这些节目是好的还是有害的？为什么？				
你准备如何把不好的内容过滤掉？				

第三十六招 敏感话题的讨论：酒与毒品

在中国，今天这个问题可能并不普遍，
然而别忘了我们为人父母的基本目的：
保护并支持我们的孩子在
“未来他们所生活的世界里”
生存并茁壮成长。

如果你的孩子还没到七岁，你可以跳过这个话题并自己喝一杯酒放松一下。然而在你喝酒的时候，你或许会考虑到这样一个事实：在当今中国，酒精和毒品的问题可能并不普遍，但是我们无从知道我们的孩子未来在世界的哪个角落学习、工作和生活，我们无法保证他们会在一个酒精与毒品被完全隔绝的社会中。而今天，在美国大约90%的未成年孩子尝试过酒精和毒品。这些孩子中有许多最终成瘾甚至死亡，或者是由于这种“追求幸福”而陷入一大堆麻烦事之中。

尝试让孩子远离这些影响（记住：我们上一招讨论过“过滤器”的作用）的绝大多数父母，在他们的孩子变成酒精与毒品的使用者或者被动参与这种试验时，都是用威胁或大量的惩罚来试图阻止他们。

这种方法的麻烦之处在于，对大约十八岁的孩子，当他们离开家时，这种方法就没什么效果了。

更好的办法是使用管教和说服性谈话相结合。我们一般把这种谈话称为“品格谈话”，因为你不光是帮助孩子建立起良好的行为，更是帮助孩子塑造优秀的品格。

以下是一些如何和孩子进行品格谈话的建议：

- 计划你将如何引入话题
- 写下你想谈的关键点
- 问一些开放式问题，激发与孩子的讨论
- 同理心倾听（不要训讽）
- 用令人信服的方式分享你的价值观
- 使用支持资料
- 鼓励孩子的积极反馈

学以致用　品格谈话

一切准备就绪后，和孩子就饮酒问题进行一场15—20分钟的品格谈话。不要指望一次漫长的谈话可以包含一切话题，最好的方式是经常性和孩子举行简短的品格谈话。

对于较小的幼童，言传往往不如身教。如果家里有幼童，你不妨寓教于乐，把品格谈话和动手活动相结合。举个例子，你可以和孩子一起，从旧杂志里剪裁一些能代表你的家庭针对酒精和毒品价值观的图画，再配上一些生动的词汇做一张五彩的拼贴画。做完之后，你可以把它挂在家里显要处，时刻提醒孩子和其他家人要远离酒精和毒品。

整个过程顺畅吗？孩子的反应如何？

____

____

你是如何切入主题的？

____

____

下一次，你会做得如何不同？

____

____

第三十七招 父母不要谈"性"色变

在当今的移动互联世界，
我们已无法阻止孩子去自行揭开性的神秘面纱。
而鱼目混珠的海量信息往往让孩子更加困惑，
为何我们不鼓起勇气和孩子大大方方直面青春期性问题?

对于青春期的很多性问题，很多父母会选择躲之避之，不敢越雷池半步。但不幸的是，移动互联时代已经没有秘密而言，即便你绝口不提，孩子也会从各种其他渠道获得。而网络世界鱼目混珠的各类信息往往会让孩子更加惊慌失措，甚至会误入歧途。

唐代大文学家韩愈曾经说过：师者，所以传道、授业、解惑也。作为孩子的最重要老师，父母需要帮助孩子及时解决青春期的疑惑。当然，对我们很多父母来说，轻而言之，谈"性"是在挑战我们的舒适区；重而言之，我们甚至会产生一种莫名其妙的羞耻心和罪恶感。但既然我们经常要求孩子要有"勇气"，我们为何不能挑战自我而大方直面孩子的性困扰？

孩子手淫问题

当你发现你家孩子经常精力不足、目光无神、频频倦怠的时候，这说明你们家的孩子正面临着青春期的困扰。

当孩子出现手淫问题时，他们会陷入一个很纠结的境况。一方面他们会感到焦虑、恐惧、甚至罪恶感，另一方面他们又情难自控。这个时候，更多孩子愿意借助网络求助，而网络上的信息太过混杂，给到孩子的不准确信息更会误导孩子。比如说某网站写到，频频手淫会导致不孕不育。当孩子接收到这样不精确的消息，他们的内心会感到恐惧和压力，这样势必会影响到学业。

父母怎么办？

养兵千日，用兵一时，这个时候就需要老爸出场。老爸可以安排带儿子去一次大浴场，然后借机灌输给孩子如下信息：“儿子，发育得不错！你老爸我年轻的时候，上课老是会想女同学，然后会经常手淫……”这样说的目的是为了让孩子知道，这是一种正常的行为。儿子会从老爸的描述中会得到这样的信息：手淫还是能照样生儿育女的。父母这样做可以缓解孩子的焦虑，让他明白，手淫不是问题。

异性交往

青春期的孩子进入恋爱阶段是个很正常的现象，家长切莫大动干戈。

父母可以根据孩子目前的状况来决定下一步的计划。孩子在高中阶段恋爱往往会出现以下两种状态：

第一种是孩子恋爱后学习成绩越来越好，恋爱的双方互相促进学业进步，这个时候，家长就不要给予太多干涉了。因为恋爱此时产生的是积极的后果,何乐而不为呢?

第二种是孩子自从开始恋爱,学习成绩一路下滑,这个时候需要家长干涉,但家长一定不要棒打鸳鸯,因为鸳鸯一定会抱成团,这就是所谓的朱丽叶和罗密欧效应。那么怎么办呢?

如果是儿子,就需要老爸出马。老爸可以这样和孩子交流:"儿子,眼光不错,你搞得定吗?其实你没搞定,如果你搞定了就不会学习下降。又是送花送礼物的,人家还未必接受,老爸看你为了恋爱搞得这样辛苦,很是心疼。你知道吗?现在女孩子眼光可高了,你将来考不好,说不定她就不要你了,所以老爸建议你先把感情的事放放,专心应对高考,未来你会收获爱情的。"

如果是女孩子恋爱了,这就需要老妈出马帮忙。老妈可以从自身的角度出发,比如说告诉自己家闺女:"闺女,女孩子喜欢的类型是会变的,可能你现在喜欢这个男孩子,但保不准到了大学里以后,你的品位会变,你甚至会觉得自己当初怎么会喜欢这样傻傻的男生。所以你现在可以把感情打包放着,等考上大学后,你如果发现还是喜欢这样的类型,到时候老妈会教你怎么把他追回来的,俗话说,女追男隔层纸。"

记住,面对孩子的青春期困扰,千万不要小题大作、大动干戈。家长只有做到真正了解孩子,才能走进孩子心里。不要和你的孩子打仗,因为你永远都是输家。

学以致用　与孩子谈性

每个孩子的青春期发育都是不同的,有的快一些,有的慢一点。父母可以根据孩子的年龄和发育情况,挑一个比较合适的话题,与孩子直面讨论，通过积极聆听和提问的方式来给孩子释疑解惑，消除孩子心中的困扰。

你会惊奇地发现，对于10岁以上的孩子，学习不好和精力不佳的背后原因很多是和青春期问题有关，一旦父母帮助孩子解惑之后，他们的精气神和学习成绩会扶摇直上。

与孩子讨论青春期问题，原则上是男孩子老爸出马，女孩子老妈出面。对了，父母一定要尊重孩子的隐私，并且明确告诉孩子这只是你们母女/父子之间的一场对话，你会严格保密的。

和孩子沟通之后，回答以下问题：

你和孩子的沟通效果如何？

____

____

孩子的困扰被解除了吗？

____

____

下次做，你会如何有所不同？

____

____

第三十八招 家史抵万金

孩子会意识到，
他们并非孤零零地来到这个世界，
他们植根与过去的某个东西，
从而增进孩子和家庭之间的情感归属。

如果你还记得本书刚开始的那点心理学，孩子的不当行为源于其归属感和重要性的缺失，而归属感的一个重要方面就是孩子和家庭的联系。每个孩子都独一无二，每个家庭也都与众不同，给孩子讲述家族的故事有助于回答孩子"我是谁"和"我来自哪里"的问题，从而强化孩子和家庭之间的情感纽带。

当葆金博士的祖父最初来到美国时，和很多其他移民一样，他几乎不会说英语。好消息是他在美国佐治亚州有一个亲戚，而挑战在于他需要孤身一人从纽约赶到佐治亚州的奥古斯塔。葆金博士的祖父是幸运的，他获得了一张火车票与一个红色的行李箱。就这样，祖父上了火车，并且随车托运了行李。由于不懂英语，火车每停靠在一个车站，我的祖父就下去看看那只红皮箱是否被放了下去。当最终他在站台上发现那个红色的行李箱时，葆金博士的祖父知道自己到了奥古斯塔。

在葆金博士童年的时候，他的父亲曾把这个故事一遍又一遍地讲给他听，而当他长大成人身为人父时，他用同样的方式把故事传给了他的两个孩子。给孩子反复讲述家族的历史会培养孩子一种“根”的意识，孩子会意识到他们并非孤零零的来到这个世界，他们植根于过去的某个东西，他们有着自己的祖先。别小看这种“根”的意识，它会在潜意识里给孩子带来强烈的归属感和安全感，从而帮助孩子避免日后的很多不当行为。

当然，很多家庭的历史里也不乏勇气、决心、感恩等优秀品格的故事。作为父母，我们应该用心挖掘这些生生不息的故事，给孩子反复讲述，把他们代代相传下去，这不仅会让孩子“生根”，还会帮助孩子塑造很多优秀的品格。

学以致用　娓娓道家史

你的家族有代代相传的独特故事吗？如果还没有，本次活动就是发掘一个好故事的大好时机。你做的这件事情会很有意义，因为你的故事将会脉脉相传，造福子子孙孙。

你可以采访父母、祖父母或者任何仍然在世的亲戚，挖掘那些让你的家族与众不同的优秀品格以及背后的故事。当一切准备就绪后，用生动的语言在下面记录下你的家族故事，然后找一个安静的时间，向你的孩子们娓娓道来。

你的家族故事

讲完故事后，和孩子进行一场关于品格的讨论。

❖ 这个故事里你最喜欢的部分是什么？

❖ 这个人物有什么与众不同的特质？

❖ 你钦佩他／她的哪个方面？

❖ 作为后代,我们如何能在我们的生命中展示同样的品质?

____

____

❖ 如果把这个故事拍成一部电影,你最想扮演哪个角色?

____

____

第三十九招
积极参与孩子的教育

了解孩子的学校生活，
为孩子营造一个良好的家庭学习氛围。

这里有一个貌似容易的多项选择题：在超过200项有关预测孩子学业成功的研究中，下面的哪个因素最为重要？

A. 教师的质量

B. 学校的质量

C. 孩子的智力

D. 家庭的收入

E. 父母的参与度

如果你的选项不是E，那么你可能没有看到本章的标题，或者你认为这是一个有陷阱的问题。不管如何，你的孩子需要你的适度参与来帮助他在学业上人尽其才并最大受益。但是父母的适度参与实际上又意味着什么呢？

❖ 塑造一个有条理但并非严厉的家庭学习环境。

❖ 对孩子的期望要切合实际。

❖ 鼓励孩子独立思考和解决问题的能力，点燃孩子的好奇心。

❖ 鼓励孩子的正面行为。

❖ 身体力行，树立终生学习的思想。

❖ 构建正面的亲子关系。

❖ 支持学校的规章制度。

❖ 理解孩子的学习风格。

❖ 通过阅读、讨论以及聆听来培养孩子的语言技能。

❖ 让学习成为每天生活的一部分。

❖ 用积极教练的方式帮助孩子完成学校作业。

学以致用　孩子的学校生活，你了解多少？

首先，自己试着回答，看看你对孩子的学校生活到底了解多少。然后，采访孩子，并且和自己的回答作比较。

	你的回答	孩子回答
孩子最喜欢的老师？		
孩子最喜欢的科目？		
孩子最擅长的科目？		
孩子喜欢做功课的场所？		
孩子最好的同学？		
孩子最爱的书籍？		
如果孩子现在选择，他/她愿意做什么工作？		

第四十招
孩子的学习风格

孩子有本心,父母何须折!
尊重孩子的独特学习风格,改进但不改变。

人的学习方法各有千秋,孩子也不例外。有些孩子可能会悠闲地躺在床上,把脚高高地抵着墙壁,而学起世界历史却像海绵吸水一样;有些孩子则喜欢待在邻近日常噪声的厨房餐台上,兴致勃勃地处理他们的数学作业。有些孩子喜欢学习时有背景音乐,而另一些人孩子则会被背景音乐弄得心急火燎;有些孩子擅长用眼睛看,有些孩子擅长用耳朵听,而另一些孩子则需要动手才能掌握。

我们把孩子的这些差异称作学习风格。作为父母,我们应该尊重孩子的个体差异和成长规律,并且在合理的范围内鼓励这种差异。什么是合理的范围?对孩子来说,合理的范围意味着做作业时不看电视、不听节奏强烈的摇滚或者街舞音乐,因为这些东西实际上严重干扰了学习。

教育家们也意识到了：孩子的智力发展也有不同的侧重点，这就是我们平常所说的天赋。有些孩子有着很高的语言才华，驾驭文字语言如鱼得水；有些孩子具有很高的数学与逻辑智商，极其善于数学分析和问题解决。其他形式的天赋包括音乐、运动、绘画、人际交往等。

我经常对广大父母们说：孩子有本心，父母何须折！作为父母，我们应该鼓励并强化孩子的天生优势，并帮助他们改进不足的地方，而不是强行根据自己的喜好和期望来改变孩子。特别是针对天赋与我们自己截然不同的孩子，我们应该给予充分接受。比如，你有可能是一个才华横溢的作家，但你的孩子有可能在音乐方面更胜出一筹。

有的父母明明知道孩子不擅长某些领域，却打着"为孩子好"的旗号强迫孩子去学习，如目前社会上流行的钢琴、绘画、奥数和舞蹈等。这可能满足了父母望子成龙的心理，却给孩子带来了极大的焦虑和隐患。而且，你是用孩子的理性和别人的天性相比拼，后果不言而喻。

发现才华

在本次活动中，找一个安静的时间，想一想自己和孩子的天赋，然后按照1(最弱)到10(最强)填入下面的表格。完成后，对比你和孩子的相同点和不同点，并且找个时间对孩子的优势加以鼓励。

天赋	你	孩子一	孩子二
语言			
数学			
音乐			

（续表）

天赋	你	孩子一	孩子二
视觉			
运动			
人际交往			
自我激励			

正面鼓励

孩子一：

____

____

孩子二：

____

____

第四十一招 孩子的条理性要从小抓起

行为决定习惯，
习惯决定品格，
如何培养孩子时间、空间和行为条理？

条理对孩子来说就像结构对房子一样重要，它是所有部件悬挂其上的那个框架。当结构结实并且设计精巧时，整个房子就稳固无比；而当结构走样时，你就像生活在龙卷风季节的茅屋里，整个房子都会摇摇欲坠。

对我们的孩子而言，我们所讨论的条理包括时间、空间以及行为。

时间条理：把孩子定期要做的事情变成常规活动，会让孩子产生安全感，并帮助孩子从小养成良好的生活习惯。最常见的常规活动包括睡前活动、起床惯例、周末睡觉（不是“只要我累了”）以及活动日程表等。随着孩子的慢慢长大，父母可以逐步缩小常规活动的范围，以留给孩子更多自己作主的机会。

空间条理：帮助孩子设计并整理房间，照一张布置完好的照片张贴在孩子的房间里，以便使孩子在房间凌乱时仍然能看到它最初的样子。父母应从小打造孩子把自己的物品管理得井井有条的好习惯，培养孩子“物归原位”的良好意识。

行为条理（规矩）：和孩子一起确定你的家庭规则以及对孩子表现的期望，包括餐桌礼仪、安全规范以及健康规则等日常行为规范。

当然，在设计家庭条理时，父母需要适可而止。过度程式化和缺少程式化都不利于孩子习惯和品性的塑造。

学以致用　建立常规

挑选一个你希望孩子更加有条理的领域，比如上床睡觉。当然，如果你的家庭已经过度条理化了，你就要考虑如何做减法了。

在下面的图表中填入常规程序的各个方面，并评估它的效果，然后根据你的经历对它加以改进。

常规程序	效果如何？	如何加以改进？

第四十二招
与老师积极合作

学校教育和家庭教育互为补充，
和孩子的老师建立起双赢的积极关系，
受益的是我们的孩子。

养不教，父之过；教不严，师之惰。孩子的成长离不开学校的老师，更离不开身边的父母，中华古训《三字经》里已经很清楚地讲明了父母和老师相互配合的重要性。

现在假想你是一个小学老师，某一天，一位从未谋过面的妈妈带着她孩子的一个麻烦事来找你。从她的肢体语言和语音语调里，你已经明显感觉到她来者不善。妈妈在你面前喋喋不休、指责不断，你越发感到自己就是问题的根源，你开始感到极大的不快。作为一个正常人，你不由自主地快速打开了自我保护的开关，开始进行防守。就这样，家长在密集进攻，你在拼命抵抗，可怜了那个倒霉的孩子，因为没有人真正用心思去关注那个真正的问题。

而另外一次，一位经常志愿帮助学校活动的爸爸带着一个问题来见你，在你的记忆力，他好像总有鼓励的话语给你，他好像总是真诚地赞赏你对他孩子的教育所做出的贡献，作为老师，你会怎么去做？你一定会和颜悦色地和这位爸爸一起探讨孩子的问题并寻求最佳解决方案，而且你一定会自我感觉良好。秘诀在哪里，这位爸爸恰恰使用了积极父母教育中的“合作解决问题模式”。

你难道不希望和孩子的老师建立起融洽的合作关系吗？现在开始按照以下步骤行动吧：

1. 主动安排与老师会面。
2. 关注你们的共同目标：帮助孩子成功。
3. 在会面前，写下你关心的问题。
4. 询问老师对这些问题的看法。
5. 通过对话寻找共同基础。
6. 不光带去问题，还要带着解决方案。
7. 和老师就行动计划达成一致。
8. 承担会后跟进的责任。
9. 观察孩子的点滴进步。
10. 在下次会面中继续评估。

学以致用　老师亦需鼓励

和医生、警察等职业一样，因为责任之重大，教师是社会上非常焦虑的人群。他们每天都要面对着表现各异的孩子、众口难调的父母以及接踵而至的各类考试，他们深知重任在肩，常常不堪重负。鉴于此，教师更需要得到家长的认可和鼓励。赠人玫瑰，手有余香，作为家长，鼓励老师所需的仅是只言片语，但带来的益处却无穷无尽。

首先,当老师感受到家长们的认可后,他们内心会对自己的工作更加引以为豪,会对自己教书育人的使命更加信心百倍。有这样的老师传道授业解惑,学生一定会受益匪浅。

其次,人性使然,人们一般会通过回报来让自己感觉良好。鼓励是让别人感觉良好的最好方式。而且,一旦你和老师建立起积极信任的融洽关系,老师一定也会在不经意间对你孩子的需求特别加以关注。

花些时间来鼓励你孩子的老师。你可以亲自拜访或者留个便条给她,也可以发一封情深意浓的短信或邮件,例如:

亲爱的吴老师:

我很想写这封信感谢你今年为帮助Joyce所做的一切。她学到了如此多的东西,我知道你为这个班级付出了大量的时间和精力。更重要的是,你有一种独特有效的方式来培养学生,我相信他们不仅会成为优秀的学生,而且也会成为更优秀的人,而这一切都是因为有你做他们的老师。

Joyce妈妈:程　虹

或许,你对孩子的老师不像我对我女儿三年级吴老师那样认可。但只要用心,你仍然可以找到很多正面的东西来鼓励孩子的老师,关键是要真诚、具体并且关注正面。

致孩子老师的一封信

____

____

____

____

____

第四十三招
助力孩子适应学校规则

在孩子的学校学习中，
很多本该学知识的时间都被浪费在孩子的管教上。
如何帮助孩子了解并适应学校规则?

在我们的积极父母视频教材《家长同行》里有这么一个场景：一天晚上，一位妈妈接到她儿子老师的一个电话。在妈妈和老师的对话过程中，旁边的儿子明显变得坐立不安。放下电话后，妈妈平静地走到儿子的身边，并心平气和地和儿子开始交谈。

“妈妈想知道，你用那种方式与老师说话，当时你心里想的是什么?”妈妈带着一点责备的口吻轻轻地说。

然后，母子之间平等地展开了一场关于尊重他人的讨论。

最后，妈妈使用逻辑后果，要求儿子给老师写一封道歉信，并明确告知儿子：如果以后再发生对老师不敬的行为，后果将会更加严重。

在积极父母教育体系里，我们提倡给予孩子“界限内的自由”。天高任鸟飞，海阔凭鱼跃，父母的责任就是给孩子营造一个赛车场，在保证安全的前提下，孩子可以在界限内和规则下海阔天空、自由驰骋。

每个学校都有其成文的行为准则，其合理与否姑且不说。作为父母，我们首先自己需要主动了解并积极帮助孩子遵守学校规则。很多学校都有书面的学生手册，父母完全可以向学校要一本或者约老师谈一次。当然，你可以对学校的某些准则保留不同意见，但千万不要当着孩子的面对其横加指责或抱怨连天，因为这只会培养孩子一个错觉：我可以忽视规则和界限。

在孩子的学校学习中，很多本该学知识的时间都被浪费在孩子的管教上。如果父母能够积极配合学校来监管学校的行为准则，孩子刻意违反的可能性就会大大下降，这对学校、家庭和孩子都是有益的。

学以致用　你了解学校的行为准则吗？

在本次活动中，我希望父母们能够向学校索要一本行为准则，并且花时间和孩子一起阅读。如果老师问你为什么要它，你可以告诉老师你想和孩子一起仔细过一遍行为准则，以便孩子更加了解自己行为的界限，也以便父母更好地帮助孩子来遵循它。

拿到行为准则后，和孩子进行一场平等的对话（而不是说教），询问孩子对各条准则的看法，并且解释学校为什么要包括这一条。只有不同，没有对错，允许孩子对某些条文有不同的看法，但同时也清楚地期望孩子在学校期间遵循它。

通过和孩子一起阅读学校行为准则，你学到了什么？

____

____

孩子如何看待和父母一起过学校行为准则？

____

____

有哪些准则你希望和孩子过一段时间再过一遍？

____

____

第四十四招 教练孩子成为高效学习者

放下父母的身架，
做孩子学习的教练，
帮助孩子实现其个人目标。

还记得吗？作为父母，我们的首要目的是为了保护和帮助我们的孩子在未来他们生活的社会中生存并茁壮成长。

父母在养育孩子的时候要有一定的前瞻性，千万不要动辄将“我小的时候……”挂在嘴边来对孩子进行无休止的说教。道理很简单，你曾经生活的社会和孩子即将要生活的世界有着天壤之别，教育孩子必须与时俱进。

孩子将要生活与工作的这个21世纪将会对背诵事实要求很少，而对思维想象、沟通交流、问题解决、团队协作以及概念的应用有着更高的要求。当然，信息的掌握依然是重要的，但不是最主要的，因为人类可以利用计算机以及各类搜索引擎以不可思议的速度获取大量的数据信息。人类的主要工作将是如何创造性地利用这些信息，颠覆式地进行思考,并保持强大的自我激励。

我们的学校正在逐步适应这些变化,而作为孩子的最重要老师,父母则可以通过教练技术帮助孩子沿着这个方向前进。

1. 有求必应,随时存在。

当孩子需要帮助时,父母随时存在。但不要越俎代庖、大包大揽,仅仅给孩子提供需要的支持和引导。

2. 提供鼓励,而非批评。记住:永远、永远不要攻击孩子的个性品质。

3. 关注努力,而非成绩。成绩只是努力的结果。

4. 承认父母不是万能的,不要害怕说“爸爸也不知道”,和孩子一起探索学习,甚至让孩子教你。

5. 不要对孩子苛求完美。成绩既不等同于幸福,也不是优质生活的度量。以平常之心对待孩子的成绩,保持一颗轻松乐观的心。

6. 让孩子学会自己思考。授人以鱼不如授人以渔,不要陷入“代孩子做事”的陷阱,不要剥夺孩子通过自己辛苦努力并享受结果的乐趣。

7. 让孩子享受学习的过程!摈弃父母常有的焦虑,创造放松的居家学习环境,让孩子爱上学习。

学以致用 教练孩子

在本次活动内,知行合一,寻找机会做一次孩子的学习教练。可以是教练孩子完成一个学校项目、一次家庭作业或者一个有挑战的学术问题等。在教练之前,温习教练的七个关键准则并在之后完成下表。

你有没有记得……	效果如何?	下一次可以做得如何不同?
有求必应,随时存在		
提供支持,而非批评		
关注努力,而非结果		
承认我不是万能的		
别对孩子苛求完美		
让孩子自己思考		
让孩子享受学习的过程		

第四十五招
与孩子共读

多读书，读好书，
是塑造孩子丰富精神世界的最好方式，
也是加强与孩子亲子沟通的有效手段。

作为父母，你可以在孩子学习上给他的最大帮助是传递给他一些学习的基因。现在已为时太晚了是吗？那好，第二个最大的帮助就是每天与孩子共读。

阅读能力是一切学习的关键，也是我们当前学校系统的基石。一旦孩子的眼睛可以专注图片的时候，就开始与孩子一起阅读。孩子再大一些时，他们可以读书给你听，你也可以挑一些难度稍大的书籍读给孩子听。对孩子而言，读书无需求甚解，重要的是要每天花上至少20分钟来阅读。

与孩子共读时，父母要记得使用我们刚刚学到的教练技巧，让每天的阅读成为一次愉悦的亲子经历。根据孩子的生理年龄和可接受范围，父母可以和孩子在阅读中做一些力所能及的探讨，以在潜移默化中培养孩子的思维能力。

❖ 在故事进行中或结束之后，通过问“谁（Who）、什么（What）、哪里（Where）以及何时（When）”这样的问题来培养孩子的观察能力。

❖ 可以读完一段后，让孩子回忆上一章节发生的故事，也可以让孩子来自由想象接下来要发生的情节。

❖ 和孩子一起讨论生僻词语的意义，尽量让孩子自己去查字典。

❖ 询问孩子作者为什么会让某个角色做特定的事情，培养孩子的逻辑思考能力。

❖ 当你的孩子回答这些问题时，给予正面的评价，来激发孩子对学习的热爱。

学以致用　书中自有黄金屋

宋真宗的这句千古名言曾经让很多当代人曲解，认为读书的目的就是为了功名利禄。其实不然，宋真宗的原话是：安居不用架高堂，书中自有黄金屋。也就是说，安居乐业并不需要豪宅大房，读书完全可以塑造你丰富的精神世界。

如果你过去没有经常性地与孩子共读，而你的孩子还不是青少年，挑选一本你认为孩子可能会喜欢的书，从今天开始与孩子一起阅读；如果你的孩子已经是青少年，挑选一本戏剧或者电影剧本与孩子一起阅读，每个人扮演不同的角色。

别忘了利用前面提到的那些问题来加强阅读体验，保持阅读的趣味性。你会惊奇地发现：书中真的会有黄金屋！

你读了什么书籍？

你问了哪些问题？

整个过程愉悦吗？

下次如何可以做的不同？

第四十六招
关注荧屏时间

你至少可以为孩子节约400天！

作为父母，我们的一个重要角色是给孩子营造一个安全的成长环境。

在我的孩子的成长期间，我们在家里一直有着一条不成文的电视规矩：平常不准看，周末有限看。别小看这么一条简单的规矩，它给我们的家庭生活节省的时间不可估量。其实，也是完全可以估量的。假如一个孩子平均每天花4个小时在荧屏上，一年就可以节省约1 200个小时，而等到他们高中毕业时，已经可以节省约400天的时间。你可以想象，有这么多额外的时光，孩子或家庭可以做多少更有价值的事情！

有一个周末，在像往常一样让孩子关掉电视后，我吃惊地发现，孩子一屁股在iPad前又玩了几个小时。我立刻意识到了：作为父母，限制电视时光已经过时了，我们要限制整个荧屏时间。闪闪的荧屏对孩子有着巨大的吸引力，孩子面对它时就像飞蛾扑火一样，一方面知道它的危害，另一方面又抵制不了诱惑。

没有限制和监控的荧屏时间会至少给孩子带来两个问题：

首先，过度的荧屏时间会干扰孩子更为有价值的活动，如学习、读书或室外活动。长而久之，有些孩子甚至还会对荧屏产生严重的依赖症，并进一步滋生出其他有害症状，如孤僻、妄想、暴力倾向等。

其次，荧屏网络上的确存在着形形色色的风险，如暴力情节、黄色内容、网络猎人等。孩子由于缺乏成熟的判断力，很容易误入歧途。

以下是一些我们应该要求孩子的基本网络准则：

- ❖ 在网上不要与陌生人交谈。
- ❖ 永远不要在线把自己的名字、电话号码、家庭地址以及学校的名字告诉陌生人。
- ❖ 电脑iPad要放在公共区域，以便家长能够随时监控孩子的行为。
- ❖ 和孩子就电视以及其他屏幕活动的限制达成一致意见。
- ❖ 事前检查孩子所观看的电影或所玩的游戏，确保不含有暴力以及色情内容。

学以致用　召开一次关于屏幕时光的家庭会议

全家专门组织一次家庭会议，讨论有关屏幕时光的原则和规矩。主要讨论点有以下：

- ❖ 孩子在平常日和周末分别可以花在荧屏上的时间（电视、电脑和iPad）。
- ❖ 根据孩子的年龄，确定孩子可以观看的内容和玩耍的游戏。

❖ 屏幕上的主要危险有哪些？确定一些自我保护的准则。

当然，和孩子讨论时，父母应该遵循家庭会议的基本准则。

❖ 要从对孩子关心的角度出发，让孩子知道这一切源于你对他们的爱，你希望他们能够安全地成长为快乐和健康的人。千万不要进入无休止的道德或说教式讨论。

❖ 多问问题，激发讨论，不要让家庭会议成为一言之堂。

❖ 对孩子所提出的独特想法和正面价值加以鼓励。

❖ 记录下所有达成的一致意见，并张贴在家里的显著部位。

讨论完了之后，完成以下会议纪要：

会议开得如何？

____

____

达成了哪些一致意见？

____

____

下一次家庭会议，你可以如何做的不同？

____

____

第四十七招
成功学习之道：SQ3R

简单实用，
一种在美国已被反复循证的学习方法，
你尝试了吗?

懂得了学习的意义之后，家长可以引导孩子正确的学习方法。

不管在中国还是在美国，孩子都面临着一定的升学压力，不管我们喜欢与否，好的成绩的确是一流大学的敲门砖。

孩子来到这个世界，学习能力不尽相同，有的天生学习能力强，而有的则学习能力弱。父母需要学会接受学习能力弱的孩子，关注努力，而非结果。

当然，如果你有着一个擅长学习的孩子，恭喜你，你很幸运！面对这样的孩子，你所做的就是“无为而治”，默默地为孩子营造一个良好的成长环境，千万不要画蛇添足、恣意干扰，好心办坏事。

如果你的孩子学习吃力，家长也不要着急。孩子在学校已经感受到了老师的巨大压力，父母的焦虑感只会让孩子更加每况愈下。学习是有章可循的，家长完全可以通过鼓励和引导来提升孩子的学习能力。

在学习方面，美国衣阿华大学的罗宾逊教授发明了一种极为实用的学习方法，也被称作为SQ3R。

SQ3R代表：

❖ 概读（Survey）：首先，在阅读整个作业或章节前，先速读标题、副标题以及其他各级标题。

❖ 自问（Questions）：其次，思考一下所读材料，试着询问如下问题。这份资料的目的是什么？它与我们正在学习的东西有何相关点？甚至，试着通过标题猜一猜整篇材料的学习点。

❖ 精读（Read）：然后，仔细阅读材料，做笔记。

❖ 复述（Recite）：接着，关上材料，自问自答如下问题：主要思想是什么？重要的事实和细节是什么？在考试时，老师将会问些什么？

❖ 温习（Review）：最后，温故而知新，一段时间之后，让孩子回过头来再温习一遍主要学习点。

学以致用　SQ3R初试锋芒

我要承认，SQ3R方法看似简单，对你的孩子来说可能听起来再平常不过，可能对你也是一样。但是大道至简，在美国，众多老师和父母已经发现并证明了它对提升孩子学习能力的神奇效果。

让你的孩子做一次尝试，第一次最好父母陪伴孩子一起做。但切记：授人以鱼，不如授人以渔。父母只需静静地陪伴孩子，而不要越俎代庖般地代替孩子来做。在陪伴过程中，父母要不断给予孩子鼓励，并对孩子的努力给予赞赏。

在下表中记录下整个流程及效果。

SQ3R步骤	过程如何?
概读(Survey)	
自问(Question)	
精读(Read)	
复述(Recite)	
温习(Review)	

然后,回答以下问题:

❖ 结果是什么?

____

____

❖ 孩子愿意以后使用这个方法吗?

____

____

❖ 下次做可以有何不同?

____

____

第四十八招 提升语言表达能力

那些有着良好书面和口头表达能力的人不仅
是高效的沟通者，
还通常会被认为更有智慧或技高一筹。

不管在东方还是在西方文化里，良好的语言技巧对一个人的成长有着非常重要的作用。那些有着良好书面和口头表达能力的人不仅是高效的沟通者，还通常会被认为更有智慧或技高一筹。实际上，他们的确如此，因为良好的沟通能力会让他们拥有强大的影响力，更容易在同龄人中脱颖而出。

以下是一些强化孩子语言表达能力的小贴士：

❖ 首先，关掉电视和电脑游戏。正如我以前所说，适度看电视，尤其是那些高质量的电视节目，是可以的甚至是值得的。同样，有些电脑或视频游戏也是有益的。但是，电视或电脑游戏的害处也显而易见，特别是在我们如今劣质节目充斥荧屏的时代。更有甚者，长期沉迷于电视或游戏会让孩子变得愈加孤僻。和他人在一起谈话是改善语言技巧的更好方式，而当电视开着或游戏进行时，孩子是不会和他人进行对话的。

❖ 花时间与孩子谈话，可以一对一，也可以整个家庭参与。家庭交谈对于构建孩子的品格及语言技巧至关重要，远远超过那些昂贵的益智游戏和玩具。而且，家庭交谈可以不拘泥于时间和场地的限制，家长完全可以利用就餐时间、开车时间以及其他机会进行一场愉悦的对话。当然，和孩子有效谈话的关键是父母要学会摈弃父母状态，和孩子感同身受，在此我们就不再赘述。

❖ 和孩子一起玩语言游戏，如成语接龙、诗词诵读、汉字拼写等。知识不代表文化，令人遗憾的是，由于传统教育制度的限制，很多高智商、高学历的父母的语言水平的确差强人意。不过，学无止境，家长们完全可以放下身段、身体力行，和孩子一起学起来、嗨起来，在提升孩子的语言能力的同时，自己也会受益匪浅！一位工科毕业的家长就曾经不无感慨地对我说："和孩子一起学习的这三年，我学到了比我所有正规教育加起来还要多的语言文化知识。"

❖ 和孩子一起阅读。知易行难，忙碌纷扰的工作常常让我们应接不暇、力不从心。很多父母的反馈是：工作太忙，实在抽不出时间来；更有很多父母认为：阅读是学校的事情。其实不然，孩子在学校里的阅读范围其实非常有限，大多都是技能方面的学科书籍。

正因为如此，家长要适当在家里给孩子补充一些文化方面的给养。鉴于孩子的可支配时间有限，我建议家长大可不必购买大量的"快餐书籍"，让孩子利用有限的时间阅读中外经典书籍，而且在阅读时完全可以要求孩子"不求甚解"。当然，最好的方式是家长和孩子一起阅读，然后交流心得。

在过去的三年中，我坚持利用工作之余和孩子一起阅读经典书籍，跨越文学、历史、天文等书籍，从《弟子规》到《格林童话》，从《西游记》到《哈利波特》。润物细无声，与孩子一起阅读不仅培养了孩子丰富的想象力和语言表达能力，而且大幅加强了我和孩子之间的亲密感，可谓事半功倍、一举两得。

❖ 和孩子一起练习公众讲话。公众演讲，不仅可以提升孩子的口才，更可以培养孩子的自信。当孩子发现他可以在台上面对众多听众侃侃而谈时，他会获得强大的成就感和自信心。这一点做起来也不难，每周找一个固定时间，设计一个命题或者完全即兴演讲，让孩子面对家人开讲，孩子的演讲能力定会大幅提升。

很多家长抱怨自己的孩子内向，过早给孩子贴上"不善言辞"的标签。其实，这是家长一个极大的认识误区。内向和外向是孩子的天性，表达能力是孩子的后天能力，两者完全没有任何联系。天性无好坏，作为父母，我们不要期望随意改变孩子的天性，我们能做的是培养孩子的行为能力。事实上，天性内向的人往往拥有着丰富的想象力和强大的思考力，稍加培养，完全可以在台上谈笑风生，成为一个自信高效的沟通者。

学以致用　"看"电影

事实上，以上所讲的活动都可以培养孩子的良好语言表达能力，家长们应该根据孩子的具体状况把以上这些活动融入每天的家庭生活中。

古人讲：积思成言，思是言之始，言是思之成。也就是说，思维决定言语，言语源于思维，丰富的言语背后必定是丰富的思维。本周，我建议家长们和孩子一起做一个“看”电影的游戏，培养孩子良好的思维和想象的习惯。

找一本故事书，读给孩子听，如果书中有图片，不要给孩子看。读完之后，让孩子闭上眼睛，开始想象书中的人或物或情节的细节。

你问的问题可以是关于故事中的怪兽或人物，也可以是一个充满细节的场景。

“怪物是什么颜色的？”

“这个小勇士长得什么样子？”

通过问与答，鼓励孩子自由发挥想象，然后用语言来描述细节。在这个过程中，父母应该避免纠正孩子，只需给予肯定和鼓励。

“我太喜欢你的描述了，这个长满尖牙、面目狰狞的怪兽实在太可怕了，我真的要吐了。”

活动之后，在下面记述你的经历：

❖ 你读了哪本书？

____

____

❖ 你的孩子是如何描述的？

____

____

❖ 你是如何鼓励孩子的？

____

____

❖ 下次活动时，你可以如何做得不同？

____

____

第四十九招 让数学和科学成为每天的娱乐

寓教于乐，帮助孩子在生活中学习数学和科学。

知之者不如好之者，好之者不如乐之者。寓教于乐，让孩子在快乐中学习数学与科学，孩子的学习效果必将事半功倍。

数学与科学，这两个学科的博大让孩子和青少年在学习中很容易感到自卑。我知道，这个说法有点危言耸听。数学与科学在21世纪变得如此重要，以至于最近哈佛大学重新修订了它的教学计划，包含了更多数学与科学内容。如同许多超前思维的学校以及家长所理解的那样，我们生活在科学以不可思议的速度向前发展的时代，为了理解这些（更不要说在其中有一席职业之地了），就需要在数学与科学方面有好的基础。此外，研究者发现，在这两个学科中有良好表现的孩子拥有更好的解决问题以及在解决问题过程中有效推理的能力，而这些技能对21世纪的任何一种职业都是必须具备的。

学以致用

数学与科学

如果孩子对数学和科学中某一学科不感兴趣，父母的正面鼓励尤为重要。欣赏孩子的点滴进步，及时地给予认可和鼓励。然后考虑下面的某些活动，在日常生活中和孩子一起玩，激发孩子对数学和科学的兴趣。

在本章，根据孩子的年龄与能力水平，至少选取下面的三项作为尝试，然后填写图表以保留一份记录以及评估。

- 与年幼的孩子一起在家里玩掷骰子或扑克牌游戏。
- 和孩子一起研究中国地图或者地球仪，培养孩子的空间感和大局观。
- 和孩子一起做饭。你会被菜谱中所涉及的数学与科学彻底惊呆。更有趣的是，你还可以将最终结果吃掉。
- 如果你的孩子年满七岁，开始给他每周的零花钱，然后帮助孩子计算怎样花钱和储蓄。
- 让孩子计划一次旅行，让孩子帮你在地图上计划路线并按计划行事。如果开车旅行，教她如何计算汽油里程数。
- 和孩子一起海阔天空地讨论很酷的发明点子，不一定要真的建造一台时光机器，只是让孩子去尽情想象。

活动	效果如何?	下次如何作出改进?

第五十招
家庭圆桌会议

如果某个问题影响到所有或大多家庭成员，
索性开个圆桌会议吧！
让每个人(包括孩子)都有平等参与和积极贡献的机会。

回到本书第三招，我曾经建议过：问题是父母教授孩子解决问题的技巧以及优秀品格的最好机会。这对于家庭也同样适用。恰如家庭中的每个人都有个性一样，每个家庭也有其个性。当面对问题时，你的家庭会陷入争吵和指责吗？或者会同心协力一起解决问题？我的孩子有可能厌倦了老是听我说“解决问题”，但我宁愿他们学习这门课过了头，而不要认为问题会像魔术一样自我消失，或者等着白马王子现身。

在这里，我和大家分享一个解决家庭问题的积极方法。

❖ 确认问题：“我希望讨论一下我们怎样分配家务活。”

❖ 分享想法：让大家各抒己见，确保每个人的想法都被听到。

❖ 头脑风暴解决方案和指导意见：没有对错，只有不同。所有的想法都值得尊重，即便是一个不现实的想法也可能会激发出接近解决问题的另一种想法。

❖ 选择每个人都能接受的解决方案：最好是达成一致同意。这个解决方案可能不是有些成员的第一选择，但必定是每个人都愿意支持的。如果仍然不能达到一致同意，就投票表决。当然，作为家庭中的领导者，父母应对事关健康和安全的事务作出决定。

❖ 后期跟踪：确认方案得以执行和遵守。如果没有遵守，或许该再召集一次家庭会议。

学以致用　家庭会议时光

找一个议题，召集全家开一次家庭会议。使用家庭会议的五个步骤，并且在开会之后用下表对会议效果进行评估。

步骤	效果如何?	下次如何作出改变?
确认问题		
分享想法		
头脑风暴		
选择解决方案		
后期跟踪		

第五十一招
书信传情、诗歌传爱

给孩子写首情意绵绵的诗，你想到过吗？

葆金博士有个伟大的继母，她在葆金博士生母早逝后来到他们家。那一年，他刚满17周岁。继母慈爱且乐于助人，常常花时间和尚在高中就读的葆金博士促膝长谈，于是，他们很快融合到了一起。

接下来，当葆金在第二年秋季离家去上大学时，她给了他一份意想不到的礼物：一首她只为葆金一个人写的诗歌。值得说明的是，他的后母不是一位作家，所以写诗对她来说的挑战可想而知。这是一首短短的诗歌，尽管它可能永远不会赢得任何奖项，但它是葆金博士读过的最优美的作品。直到今天仍然保留了它的原本，每每读过，仍然感激涕零、潸然泪下。为什么？因为它是源自继母内心的一首诗，道出了她对这个“新”儿子的无尽之爱（她自己也有三个孩子！）、无比信任以及深深祝福。

多年之后，当葆金博士的女儿梅根芳龄十六时，他也学着继母一样给女儿写了一首爱意浓浓的诗歌，美其名曰“芳龄十六”，诗中讲述了她所有可爱的品质。诗的开头是这样的：

你强壮且意志坚强，大步奔向未来，
像运动员准备越过生命的跨栏，
将障碍转变成自己升华成长的机会。

梅根是一个体操和篮球运动员，这一段影射了她作为“运动员”的角色。接下来一段则抓住了她的其他角色以及众多优点。最后，诗歌是这样收尾的：

挚爱而崇高，你纯洁的心在强力跳动，
就像你是我的女儿，
因为你本身而被爱，
远超过你做过所有奇妙之事。

学以致用　给孩子写一首诗

作为父母，我们对子女爱的情真意切、无怨无悔，我们的感情完全可以喷涌而出，而不必“为赋新词强说愁”。

如果你是文青骚人，现在就用你的智慧给孩子写一首诗歌吧！

如果你从没有写过诗，不用担心，只要你静下心来，回归心灵，找寻内心真正的感受，你的语句会油然而生。

写诗是一种创造性的体验，无论你是一个天才的作家还是一位平凡的父母，只要你用心去写，你都会思如泉涌，而写诗这种体验本身也能产生强大且正面的情感。

不必过分拘泥于平仄韵律，只是提笔抒发你的真实感受，你可以选择用韵律体或者自由体诗，你可以写长也可以写短。以下几个提示或许对你有所帮助：

❖ 这首诗只是写给孩子的，写出孩子的独特之处，而非泛泛而言。

❖ 回到这本书第一节里你孩子的照片，并用它作为灵感。

❖ 记住：这应是一首充满爱意的诗，要保持100%的正面语言，切忌成为“诫子”之言。

❖ 如果中途有些卡壳了，试着读一首你最爱的诗来激发你的灵感。

❖ 如果你真的断片了，想象着用一个东西敲你的头部（不要真的敲，只是想象。据说，莎士比亚在写十四行诗之前常这样做，它有一定的效果。）

❖ 先写出诗的草稿，不要急着给孩子，等上一天，再修改一遍。大多数诗人都发现这有助于他们改进写作。

最后，将这首诗的一个抄在这一页上，这样你就将它永远保留作为育儿过程的一个部分了。当然，如果你乐于与我分享，请发到我的邮箱：hongcheng@uparenting.cn。

____

____

____

____

____

____

第五十二招
父母的优势

回顾自己的优势，
为自己的进步喝彩，
孩子因为有你而自豪！

子在川上曰：逝者如斯夫！时光正如那静静流淌的流水，不经意间孩子已经长大。在熙熙攘攘、步履匆匆之际，你是否刻意放慢了脚步，陪伴一下身后的孩子？

是的，我们待在一起的时光也快结束了。像我实际上相信的那样，你花了时间来研习这本书，参与所有的活动，最后到了终点。哈！我亲眼看着你们认真读过了这五十二招。如果你们快速地读，我敢打赌你们不要一个月就读完了。

和孩子一样，所有的父母也都有赖以为生的长处。"积行成习，积习成品"，我由衷希望这本书能帮助你培养出某些新的优点，同时也帮你发扬众多原有的长处。但因为父母也需要鼓励，我们并不就此罢休。

在下表中，我们列出了家庭教育的一些核心领域，请在每个方面写出你作为父母的至少一个优势。

养不教，父之过。毋庸置疑，父母工作是这个世界上最困难和最重要的工作，自古以来，中国人就倡导“修身、齐家、治国、平天下”的先后次序。现在花上五分钟时间给自己加把油，为你正在给你的孩子、家庭、社区以及社会所作的奉献感到自豪。

彰显优势

你的优势	
建立亲子关系	
鼓励	
管教	
“挤出”时间陪伴孩子	
学校参与	
亲子沟通	
关爱自己	
“无条件”爱孩子	
恭喜你，孩子因为有你而自豪！